철학은

어떻게

삶이

되는가

SCHÖNES LEBEN?
EINFÜHRUNG IN DIE LEBENSKUNST
by Wilhelm Schmid

철학은
어떻게
삶이
되는가

빌헬름 슈미트 지음

장영태 옮김

아름다운
삶을 위한
철학기술

책세상

차례

들어가면서

우리가 사는 삶은 우리 '자신의' 삶인가? 삶은 우리가 거의 영향을 미칠 수 없는 요소들 그리고 우리를 마음 내키는 대로 다루는 것처럼 보이는 여러 힘에 맡겨져 있다. 그럼에도 불구하고 그것은 우리 자신의 고유한 삶이다. 최소한 마지막 날에는 그렇다. 누구 또는 무엇이 삶을 좌지우지하더라도 삶을 마무리 짓는 것은 오로지 우리 자신이다. 우리만이 —우리 자신에게— 이 삶을 책임지는 것이다. 우리 말고는 아무도, 심지어 아주 작은 일에서조차 이 책임을 떠맡지 않을 것이 분명하다. 이런 이유에서 삶의 기술은 삶을 제때에 자신의 것으로 만들고 그것으로부터

'아름다운 삶'까지도 만들어내려는 진지한 시도이다. 이 책에는 이를 위한 몇 가지 생각과 방안이 담겨 있다.

'간단할 것'이라는 예상과는 매우 다르게, 삶의 기술은 자신의 자율성과 관련된 작업이며, 또한 타인들을 위한 보조적 작업이기도 하다. 많은 사람들이 경솔하게도 삶의 기술을 '피상적인 어떤 것'으로 취급하는 이유는 근대에 들어 그것이 더 이상 진지한 성찰이 아니었던 사정으로 거슬러 올라갈 수 있다. 그러나 사실 삶의 기술은 본래 '철학적인 어떤 것'이다. 이 용어 자체가 철학에서 유래했거니와, 이미 고대에 통용되던 것이기도 하다. '삶의 기술 철학'*을 복구하려는 시도는 삶의 기술이 다양하기 이를 데 없는 여러 분야에서 적지 않은 관심거리가 되었다는 사실(삶의 기술의 예기치 않은 통합적 작용)과 결부되어 있고, 의심할 여지 없이 시대적 상황 덕택이기도 하다. 다시 말해 이데올로기의 종말, 이것과 결부된 사회주의적 또는 자본주의적 꿈들의 무산, 19세기와 20세기 근대에서 과학과 기술에 결부되어 지나치게 낙관적이었던 유토피아

---

* (원주) Wilhelm Schmid, 《삶의 기술에 대한 철학적 기초*Philosophie der Lebenskunst-Eine Grundlegung*》(Frankfurt a. M., 2001).

의 종언이 사람들을 생각지도 못할 정도로 자기 자신에게로 내던져버리고 만 것이다. 그 결과 사람들은 그 무엇도, 그 누구도 아무런 문제가 없는 완벽한 세상을 영영 이루어내지 못하리라 예감하고 있다. 이데올로기와 유토피아는 오히려 많은 사람들이 더 이상 짊어지고 살 수 없는 새로운 문제들을 낳았다. 또한 언젠가 '이상적인' 사회를 이룩하는 데 성공한다 할지라도, 삶의 완성이 당연한 일이될 거라는 소박한 믿음이 도대체 어디서 생겨나겠는가?

삶의 기술을 새롭게 정초定礎하려는 노력은 이에 대한답변을 얻기 위한 시도이다. 그러나 이를 위해서는 전제가중요하다. 준칙과 보편적 의무를 정하는 가운데 규범적으로 답을 구할 것이 아니라, 선택의 여지와 가능성들을 열어주면서 소망을 표현하는 방식으로 접근해야 한다. 이 책에서 제시하는 제안들을 바로 이런 전제 아래에서 읽을수 있을 것이다. 즉 이전의 철학사에서처럼 삶의 기술의내용을 확인하는 것이 아니라, 그 가능성들을 밝히는 것이중요하다는 뜻이다. 삶의 기술 자체를 선택하는 것뿐만 아니라, 선택한 삶의 기술 하나하나를 습득하는 것 역시 삶의 기술을 행하는 각 주체의 책임이다. 앞에서 언급한, 포괄적으로 다룬 삶의 기술 철학에 대한 단초에서 이에 대한 체계적인 기초 닦기가 발견된다. 예컨대 선택에서 근본을 이루는 문제나 구조의 해명, 특히 권력구조의 해명에 관련된 사항이 그 안에서 발견된다. 권력구조에 대한 지식을 통해 선택의 여지가 비로소 형성된다. 또한 삶의 기술로부터 사적인 정원 가꾸기 이상의 뭔가를 만들어내는 정치적 의의가 논의된다. 삶의 기술의 '주체'라는 개념이 어떻게 이해되며, 또 이 주체가 타자와 관련해 어떤 역할을 하는가라는 질문에 긴 해명으로 답을 하는 것이다. 여기서 많은 증거와 관련된 문헌들도 찾아볼 수 있다.

이 책은 이런 개념에 처음으로 접근하고 이런 개념을 개관하는 데 유익할 것이다. 이 책은 《삶의 기술에 대한 철학적 기초》를 따라 화가 에드워드 호퍼Edward Hopper, 1882~1967의 회화작품을 근거로 삼아 '철학으로의 소풍'을 시도한다. 다시 말해, 삶의 능력을 다시금 가능하게 해주는 답변을 얻기 위해 삶에 대한 질문이 제기되는 사유 공간으로의 소풍을 시도한다. 이 책은 가능한 답변들의 실천적 측면에, 습관, 쾌락, 고통, 분노, 시간, 죽음과의 소통을 통한 기술들의 단련에, 반어反語(아이러니), '부정적 사고', 마음의 평정 같은 기술의 단련에 중점을 두고 있다. 또한 생태학적 삶의 기술을 구상함으로써 이 시대의 결정적 요구에 대해, '가상공간(사이버스페이스)에서의 삶의 기술'을 통해서는 실존의 인터넷화에 대해 답변을 구해볼 것이다. 이것들은 《삶의 기술에 대한 철학적 기초》에서 골라 발췌한 것으로, 여기에 건강, 쾌활함, 행복 그리고 의미의 문제에 대한 새로운 성찰을 추가하고 보완했다.

철학적 숙고는 삶의 기술에서의 기술에 대해, '숙련된 삶'에 대해 그리고 의식적인 삶의 운영을 위해 한몫을 할 수 있다. 근거와 논증을 탐구하고, 개념들을 해명하고, 구조와 그것에 근본적으로 연관되는 사항들을 발견하고, 조건들을 숙고하고, 가능성들을 분석하는 것은 철학적인 행위이다. 이런 의미에서 철학은 삶이 처한 상황을 해명하는 데 보조 역할을 할 수 있다. 철학은 일어난 일을 이해하는 데, 한 개별자가 어떤 가능성을 가지고 있는지 또는 가지고 있지 않은지를 좀 더 잘 이해하는 데 도움이 된다. 가장 중요한 것은 사유 차원에서의 도움이다. 우리는 외부의 익명의 힘에 희생되거나 내면의 심리적 구조에 희생되는 것이 아니라, 우리로 하여금 어떤 것은 생각하게 하고 다른 어떤 것은 생각하지 않게 하는 사유의 힘에 희생될 때가 너무나 많기 때문이다. 사유는 정신적 자세와 태도에 영향을 미치며 그것을 궁지에서 벗어나게 한다.

이런 맥락에서 '아름다운 삶'은 무엇을 의미할까? 삶의 기술이라는 개념처럼 '아름다운 삶'에서도 고대 윤리학과 미학의 잊힌 개념이 문제 된다. 이 개념이야말로 지나치게 무비판적으로 사유된 '좋은 삶' 또는 '성공적인 삶'이라는 개념에서 벗어나기 위해 새롭게 토론에 부쳐야 할 개념이다. '아름다운 삶'이라는 개념은 여러 텍스트에 주제로 등장하고 있다. 이 개념을 논의의 중심으로 옮겨놓는 것이 이 책의 가장 중요한 관심사이다. 철학사를 살펴보면, 플라톤Platon, BC 428/427~348/347과 디오게네스 Diogenes, BC 400경~328/323 또는 에피쿠로스 학파와 스토아 학파에서 '아름답게 살기kalos zen'는 친숙한 관용어였다. 어떤 사람은 자신은 철학에 적합하지 않다고 말했다가 디오게네스로부터 즉각 이런 대꾸를 들었다. "자네는 아름답게 살기 위해 염려하지 않고 무엇을 위해 살고 있단 말인가?" 아름다운 삶에 대해 생각하는 것은 관성의 법칙에 따라 단순히 흘러가는 대로 사는 것이 아니라, 실존에 개입하고 실존을 의식적 수련의 대상으로 삼는 것을 의미한다. 인본주의 전통에서 아름다운 삶이라는 이념은 중요한 역할을 했다. 이런 배경에서 철학적으로 성찰한 삶의 기술은 그러지 않아도 이미 모든 것을 가진 사람들에게 사치품일 수도 있는, 금상첨화와 같은 삶의 기술로 여겨지지는 않는다. 오히려 실존적인 삶의 기술로 여겨진다. 이를 위해 모든 윤리가 개인의 정신적 자세와 태도에서 시작되고, 그리하여 개인은 자신의 삶을 위해, 타자들과의 사회적 공생을 위해 힘쓰게 되는 것이다.

1.
철학으로의 소풍

어느 두 사람의 일상을 묘사한 그림. 다림질로 빳빳하게
줄을 세운 바지를 입은 한 남자가 이마에 깊이 주름살이
팬 얼굴과 긴장한 표정으로 골똘히 생각에 잠겨 뭔가를
심사숙고하고 있다. 그의 등 뒤 침대 겸용 소파에는 반라半
裸의 여인이 등을 보이고 누워 있다. 우리는 그녀를 볼 수
없다. 그녀는 남자를 등지고 있으며, 남자는 그녀의 얼굴
을 볼 수 없다. 베개 위를 가로질러 쏟아진 듯한 머리카락
이 그녀가 갑작스레 남자에게서 몸을 돌렸음을 드러내주
는 것 같다. 남자에게로 다시 몸을 돌리려는 기미는 조금
도 보이지 않는다. 남자 역시 그녀에게 전혀 눈길을 주지

않는다. 그는 기진맥진하고 조금은 경직된 채 침대 겸용 소파의 가장자리에 앉아 있다. 어찌할 바를 모르는 모습이다. 두 사람의 관계는 불분명하다. 어떤 관계인지 그리고 그 관계가 중요한지 아닌지도 불분명하다. 가장 불분명한 것은 1959년에 그려진 이 그림의 화제畵題〈철학으로의 소풍Excursion into Philosophy〉이 무슨 의미인가 하는 점이다.

여기서 성적 역할의 구분은 중요하지 않다. 십 년 전인 1949년에 에드워드 호퍼는 이 그림과 비슷한 그림을 그리고 비교적 덜 애매하게 〈도시의 여름Summer in the City〉이라고 화제를 붙이면서 성적 역할이 바뀔 수도 있다고 말한 바 있다. 표면적 일상성의 배후에는 많은 것을 말해 주지만 결코 명백하다고 할 수 없는 상황이 숨겨져 있다. "여러분은 아시지요, 한 작품 안에 얼마나 많은 사상과 자극이 들어가 자리를 잡는지를 말입니다"라고 그는 말했다. 관심의 대상은 역할의 분배나 관계의 특수성이 아니라, 상황의 본보기 가능성이다. '철학으로의 소풍'이 삶의 특정한 상황에서 당황스러운 처지에 대한 본보기가 될 수 있는가, 무엇, 어쩌면 모든 것이 문제 되는 순간에 일어나는 삶의 정지에 대한 본보기가 될 수 있는가, 또한 사랑과

에드워드 호퍼, 〈철학으로의 소풍〉(1959)

관련된 일들이 중요해 보이는 지점에서 그런 당황스러움, 그런 문제제기를 경험할 수 있다는 사실에 대한 본보기가 될 수 있는가가 관심의 대상이다.

　이런 관점에서 이 그림이 우리를 철학으로 안내한다는 것을 증명할 수 있다. 플라톤이 《향연Symposion》에서 이미 말한 것처럼, 삶의 그런 상황, 즉 사랑과 관련한 일들을 다루는 기술 추구는 철학에 대한 중요한 문제제기를 의미하기 때문이다.* 이런 전제에서 이 그림은 철학의 순간을 표현한다고 할 수 있다. 사랑 이후의 순간, 성찰이 작동하는 순간, 타자와 고통스러운 거리를 둔 삶, 꺼져버린 욕망이라는 공허함 가운데에서의 사유, 그 원인에 대한 냉혹한 질문을 표현하는 듯하다. 탈脫매력화가 이루어지고 진부한 현실이 들어선다. 삶에 의미를 부여해주었던 끈이 끊어진다. 이후의 삶이 여전히 존재할 수 있을지 불확실해 보인다. 관능의 직접적 경험 그리고 일치에 대한 꿈과 더불어, 이것은 사랑의 보충적 경험이며 영원히 되풀이되는 숙명이다. 무한한 행복을 경험한 뒤 덧없음으로 갑작스럽게 전복하면 그만큼 더 절실하게 느껴지는 법이다. 그것은 영원에서 시간으로의 갑작스러운 귀환이기 때문이다. 행복이 목전에 있었다 해도, 그 결과가 덜 고통스러운 것은 아니다. 영원으로부터 추방된 상태라는 사실, 시간의 법칙으로부터 한순간도 달아날 수 없다는 사실 말이다. 개인은 자기 자신에게, 사교社交의 폐허 속에 내동댕이쳐졌음을 느끼게 된다. 상대와의 일치가 매우 큰 의미를 지녔던 자신의 표상 세계의 잔해 가운데 서 있음을 깨닫

• (원주) Wilhelm Schmid,《쾌락의 동산에서의 철학의 탄생 *Die Geburt der Philosophie im Garten der Lüste*》(Frankfurt a. M., 2000) 참조.

게 된다. 아름다운 꿈을 꾸었던 사람은 더 이상 현실에서 살고 싶지 않을지도 모른다.

　플라톤의 주장에 따르면, 개인이 결코 실망하지 않을 '참된 아름다움'이라는 이념을 지향하려면 관능적 쾌락을 직접 경험하는 일을 피해야 한다. '철학으로의 소풍'을 행하는 그림 속 중심인물 역시 그렇게 하려고 시도하고 있다. 그의 자세는 지옥의 문을 숙고하는 로댕Auguste Rodin, 1840~1917의 〈생각하는 사람Le Penseur〉의 자세와 비슷하다. 근심이 그의 이마에 주름을 새긴다. 그의 뒤편에 놓여 있는 감각적인 아름다움을 그가 배반했거나 그 아름다움이 그를 버린 것이다. 이 남자는 어떤 책을 펼친 것인가? 그것은 중요하지 않은 것 같다. 왜냐하면 그는 이미 책을 손에서 놓아버렸기 때문이다. 그 책이 철학 책이었다 해도, 이런 상황에서는 책의 대단한 예지도 그에게 더 이상 도움이 되지 않는다. 아니면 그가 그 책으로부터 중요한 자극을 받았고 그것에 대해 더 깊이 생각하고 있다고 볼 수도 있다. 어떤 경우든 그는 더 이상 책을 읽지 않고 있다. 호퍼 자신이 이것을 폭로하지 않았다면, 우리는 쾌락의 동산과 철학의 설계에 대해 설명하는 플라톤의《향연》이나 활활 타오르는 욕정의 불길 속에서 철학의 횃불에 불이 댕겨지고 사유가 반복해서 새롭게 점화되는 마르키 드 사드Marquis de Sade의《쥐스틴Justine》과 같은 저작물이 중요한지 어떤지 인식하지 못했을 것이다. 이 책들은 서구 철학에서 에로티시즘에 관한 담론의 폭을 대표한다. 또한 이 책들은 쾌락과의 소통 문제가 철학의 기본을 이룬다는 사실에서만 공통점을 지닌다. 소파 가장자리에 앉아 있는 남자는 두 가지 선택 사항―쾌락의 직접성으로부터의 회피 또는 환상적 쾌락에 대한 꿈―중 전자를 선택한다. 화가는 그가 플라톤을 '생애 중 상당히 늦은 시기에야 읽었다'는 사실을 폭로하고 있는 것이다. 어떤 경우든 철학의 승리가 중요하다.

이 그림은 이중적 의미에서 남자와 여자의 일상으로부터 잘려 있다. 왼쪽에 있는 그림 속 그림이 잘려 있고, 오른쪽 창문이 활짝 열린 채 잘려 있다. 우리가 '사실주의 화가'라고 즐겨 부르는 호퍼는 유사한 기법을 사용한 인상파 화가 드가Edgar Degas, 1834~1917를 잘 알고 있었다. 그가 잘라낸 것은 환한 대낮에 있었던 남녀 한 쌍의 에피소드이며, 고독한 실존과 똑같은 공동 실존의 한 장면이다.

이 에피소드는 방 한구석에서 일어나고 있다. 여기에는 외부가 존재하지 않는다. 활짝 열린 창문을 통해 안으로 비쳐드는 눈부신 햇빛은 마치 양탄자처럼 남자의 발 앞에 놓여, 남자의 암담한 내면에 던지는 조소嘲笑처럼 작용하고 있다. 바로 이것이 호퍼의 날카로운 풍자다. 남자는 이 빛의 양탄자를, '참된 아름다움'의 이 모상模像을 무표정하게 바라보고 있다. 플라톤의《향연》에서 디오티마가 서술하듯, 아름다움을 향해 애써 오른 뒤 사다리의 맨 끝에 앉아 있기라도 한 것처럼 말이다. 그러나 빛으로 이루어진 이 양탄자는 빛 자체는 아니다. 이렇듯 그는 자신이 진리를 가장 절실하게 필요로 하는 바로 그 순간에 그 진리에 생소하게 머물러 있는 것이다. 말하자면 주연酒宴이 끝난 바로 그 순간에 말이다. 정적이 가득 흐른다. 호퍼가 그린 대부분의 그림에서처럼 죽음과도 같은 정적이 가득하다. 아무 일도 일어나지 않는다. 이것은 인간 정물화라는 호퍼의 특수한 그림 형식이며, 정오High Noon, 뭔가 암시적인 정지된 삶이 묘사되어 있다. 여기서 침묵은 일종의 외침이고 강력한 무기다. 여기에는 더 이상 변증법이 존재하지 않는다. 오직 비극만이, 진부하며 동시대적 차림을 하고 등장한다면 곧바로 구조적이라고 불러도 될 무언의 비극만이 존재할 뿐이다.

　이 그림에는 정지의 순간이, 철학과 성찰의 순간으로서의 정지가 본보기로 포착되어 있다. 침대 가장자리에 앉아 깊은 생각에 빠져 있는 인물이 예술사에서 철학에 대한 은유가 된, 햇빛이 비쳐드는 가운데 사유를 한다는 묘사를 통해 구체화되어 있다. 이 묘사가 남자 주인공에게 특권을 부여한다고 항의할 수도 있다. 그러나 여자 역시 정지 상태이다. 그녀는 자신의 얼굴을 숨기고 있다. 고대철학은 정지에 담긴 주목할 만한 태도에 대해 증언한다. 향연 장소를 향해 가던 소크라테스Sokrates, BC 470~399가 갑자기 멈춰 선다. 뭔가가 그를 몰두케 한 것이다. 그는 그것을 골똘히 생각하느라 향연 장소에 뒤늦게 도착한다. 호퍼의 그림에 등장하는 남자 주인공도 이와 비슷하다. 어쩌면 그는 이미 향연에 다녀왔고, 자신이 한 경험을 곰곰이 생각하고 있는지도 모른다. 그는 위대한 지혜의 책을 한쪽으로 치워놓고 스스로에게 질문을 던지기 시작한다. 그리고 철학으로의 소풍이 이루어진다. 내가 무엇을 했지? 무엇을 잘못했지? 왜 그렇게 되었지? 지금은 어떻지? 내가 어떻게 해야 이 상황에 잘 대처할 수 있을까? 이 삶을 어떻게 살아낼 것이며 이 삶은 어떻게 변화할까? 철학으로의 소풍은 존재하는 일 그리고 이미 일어난 일에 대한 첫 숙고이다. 그러나 그것을 탐구하고 해명하기 위해 넓게 펼쳐진 공간으로 여행을 하기 위한 면밀한 예비 단계이기도 하다. 이것이 바로 소풍의 의미이다. 그 후는 동시에 그 전이다. 하나의 경험 다음이지만 언제나 다른 경험 앞인 것이다.

우리는 이것이 호퍼 자신의 경험과 관련이 있는지 물을 수 있다. 왜 그는 이런 모티브를 사용했을까? 그는 왜 이런 또는 저런 주제를 선택했는지 자신도 정확하게 알 수 없다고 말했다. 어쨌든 자신이 선택한 모티브들은 자신의 내면적 경험을 재현하는 데 최선이라는 것이다. 한 쌍의 남녀라는 모티브, 우리가 사랑의 체험을 통해 이르게 되고 삶의 체험 중 하나의 본보기인 그 의문스러운 상황이 그를 사로잡았던 것 같다. 그의 '낭만적인 것에 대한 애착'을 추적해보면 이것은 시사하는 바가 크다. 그 추적을 통해, 일체가 되는 꿈이 그에게 무척 근본적임을 알 수 있다. 동시에 환멸 역시 근본적이다. 그리하여 이 그림은 에로스와 삶에 대한 은유가 되고, 그것들의 모순된 특성을 백일하에 드러낸다. 또한 그것들로 어떻게 삶이 가능해지는가라는 의문을 제기하기에 이른다. 사랑에 대해 그토록 감상적으로 생각하는 이 화가의 가슴에 삶과 모순의 문제가 몹시도 충격을 주는 것이다. 그는 사랑의 허위를 폭로한다. 두 사람 사이의 거리는 낭만적 사랑이 약속한 것처럼 제거되지 않는다. 두 사람 사이도 그러하거늘, 사회라는 공간에서 어떻게 그것이 가능하겠는가?

삶을 사는 내내 개별자를 부드러운 손길로 떠받들어줄 조화를 얻으려는 노력은 헛되다. 각자 상대방의 마음에서 잊히기를 바라는 가운데 자기 자신에게로 돌아갈 뿐이다. 나 자신을 통해서가 아니면 누구를 통해서 산단 말인가? 비극적 문명에는 일체가 되는 것은 불가능하다는 의식이 존재한다. 그러나 근대문명은 이러한 의식을 해소하려 했다. 지금 개인들은 방향을 잃은 채 헤매고 있다. 그리하여 근대사회의 중심적 경험인 개인들의 고독은 명백해진다. 호퍼는 고독과 함께하는 사태를 '너무나 힘든' 사태로 여기긴 했지만 그 고독의 경험을 알고 있었고, 전적인 모순에도 불구하고 그 고독의 사태를 긍정했다. 우리는 호퍼에게서 고독에 대한 찬미를 발견하며, 그 경험으로 인한 경악을 보게 된다. 그는 상대방에 대한 침묵이 내포한 제거할 수 없는 거리감을 인식하고 있다. 영원처럼 보이는 유한성에 감금되어 있는, 정물靜物이 된 인간이라는 현상을 기록하고 있는 것이다. 타자他者에게 거리감을 느끼는 것이 철학의 시작이라면, 넋 잃은 얼굴, 외면한 얼굴이 얼마나 많겠는가! 개인은 스스로에게 낯설다. 그리고 그런 상태에 머문다. 그것이 개인의 실존조건이다. 이보다 더한 것은 개인이 스스로와 가까워질수록 그만큼 스스로에게 더 낯설어진다는 사실이다. 소외감 또한 더 깊어진다. 각 개별자가 스스로에게 낯설어지고, 절망 가운데서 그 개별자가 향하는 진리도 낯설기 때문이다. 이처럼 소외는 근본적이며, 속일 수 없을 만큼 고통스럽다. 소외는 근대 의상을 차려입고 있다. 그러나 이미 고대의 비극작품들이 소외에 대해 다루었다. 그러므로 소외에 대해 새삼스럽게 언급하는 것은 신과의 보편적 소통과 연결을 추구하는 시대의 뼈저린 아픔이다. 그렇다면 호퍼는 비관론자인가? 그는 이렇게 말했다. "비관론자요? 나는 분명 그렇다고 생각합니다. 그러나 그 점을 자랑스러워하지는 않습니다."

아마도 비극이 문제인 것 같다. 그러나 비극은 희극과 확실하게 구분되지 않는다. 호퍼가 세상을 떠나기 2년 전인 1965년에 그린 마지막 작품들 중 하나는 '두 명의 희극 배우'를 보여준다. 그들은 무대 위에 서 있다. 공연이 끝났고, 그들은 관객을 향해 허리를 굽혀 인사한다. 호퍼는 이 그림에서 자기 자신 그리고 자신과 함께 실존의 희극을 살아온 자신의 아내를 묘사하고 있다. 격식을 갖춰 세상에 작별을 고하기 위해서이다. 그는 이미 그림을 통해 그들이 삶의 무대에 합동으로 등장한 것을 보여주었다 (1917~1920년경의 작품 〈무대 위의 부부〉). 죽음이 현존의 가소로움과 비극적 소외와 그것을 제거하고자 하는 희극적 시도에 승리를 거둔다. 마지막으로 호퍼는 외부의 시선을 통해 자신의 실존을 연출하려는 목표를 세운다. 그 시선은 본래 삶에서 방향을 설정하는 데 필요한 요소다. 개인이 삶의 무대에서 퇴장하는 순간이 되어서야 비로소 자신의 실존을 외부의 시선으로 보게 된다는 점에 희극은 존재한다.

2.
삶을 가져다주는
시간의 기다림

'철학으로의 소풍'은 정확히 실존이 문제가 되는 순간에 일어난다. 사유는 절망의 낭떠러지를 앞에 두고서야 전개된다. 그것은 철학이라고 불리는 독특한 공간으로의 소풍이다. 그 공간은 삶에 대한 질문이 제기되고, 삶의 능력을 다시 소생시킬 해답을 찾는 공간이다. 여기서 '내가 무엇을 해야할까?'라는 질문은 도덕적 의미가 아니라 실존적 의미를 지니고 있으며 실존의 기술을 겨냥한다. 이 기술은 우리가 의심을 지닌 채 바닥을 알 수 없는 삶을 산다는 것 그리고 그것으로부터 생기는 고통을 부정하지 않는다는 것에 그 본질을 두고 있다. 더 먼 길을 탐색하는 이 소풍은 무엇보다 일종의 도치, 자기 자신으로의 방향전환이며, 기진맥진한 채 깊은 생각에 빠져 있는 인간의 굽은 등, 수그린 몸을 통해 볼 수 있다.

의심스러운 경험이 개인을 엄청나게 압박하지만, 그 경험은 텅 빈 공간에서의 특별한 현상은 결코 아니다. 오히려 그 경험을 통해 전체적 시간과 그 시간 안에서 할 수 있는 경험들을 규정해주는 구조적 여건들이 가시화된다. 이런 사실이 의심스러운 경험의 해답을 찾기 어렵게 만든다. 호퍼의 그림에 등장하는 주인공은 어쩌면 이런 이유에서 플라톤의 책을 한쪽으로 치우고 독자적으로 생각에 골몰해 있는지도 모른다. 고대는 현재의 문제들에 어떤 해답도 제공할 수 없으니 말이다. 삶의 새로운 가능성을 찾기 위해 자신의 경험에 기반한 조건들을 따를 경우, 그는 근대문명에 본질적이며 다른 문명에도 이런저런 방식으로 영향을 미친 구조적 문제에 봉착할 수도 있다. 근대는 다른 시대와 달리 쾌락에 대한 욕구를 삶과 동일시하면서도 쾌락과 소통하는 기술은 연마하지 않은 시대다. 근대는 보편적 행복에 대한 꿈을 키워왔다. 복지와 동일시되는 흠 없는 삶에 대한 꿈, 공동체 안에서 개인들이 일

체가 되는 꿈, 쾌락을 추구하는 삶을 살기 위해 모순과 갈
등을 제거하는 꿈을 키워온 것이다. 실질적인 목가적 이
상향, 행복이 넘치는 비할 데 없는 완벽한 삶의 무대. 이
것은 시민사회가 꾸어온, 그런 사회가 여전히 존재하는
상태에서 사회주의 세계가 꾸어온 꿈이다. 그러나 삶에서
모순들이 제거되는 순간, 근본적인 모순이 비로소 드러난
다. 그런 방식으로 살아내는 삶은 죽은 삶이라는 사실 말
이다.

  호퍼의 그림에 등장하는 인물들은 모든 모순을 피하
려 했다. 삶의 모든 부정적인 것을, 그 부정적인 공간으로
난관이 들어서는 것을 거부하려 했다. 그러나 이제 이들
은 삶 자체를 피하고 더 이상 삶을 추구하지 않는다. 우리
는 이들이 삶을 추구한다고 말할 수 없다. 그런 추구를 우
리는 기껏해야 '철학으로의 소풍'을 감행하는 사람들에게
서나 발견할 뿐이다. 다른 사람들은 단순히 그 자리에 머
물면서 공허함의 기념비 같은 삶을 기다리고 있다. 그들
은 그 자리에 꼼짝 않고 앉아 있거나 서 있다. 내적으로든
외적으로든. 그리고 헛되게도 태양을 향해 얼굴을 돌린
다. 그들의 내면은 파열되고 광채는 그들의 눈에서 사그

라지고 말았다. 어쩌면 그들은 행복을 찾아가고 있었는지도 모른다. 그러나 그것을 놓치고 말았는지도. 설령 그들이 행복을 발견했다 하더라도 그것이 공허하다는 것, 그것이 무無에 지나지 않는다는 것을 경험하게 될 것이다. 이미 묘사된 것처럼, 이제 그들은 '삶의 대기실에서 의미를 잃은 채' 거기에 서 있거나 앉아 있다. '마치 그곳에서 본래의 삶이 일어나기라도 하는 듯' 먼 곳에 눈길을 준 채 말이다. 그들은 태양을 향해 몸을 돌릴 만큼 유복해졌다. 그리고 사람들은 그것이 참된 삶이라는, 그런 삶을 영속적으로 향유할 수 있다는 희망을 갖게 되었다. 그러나 이제 그들은 무 앞에 서 있다. 공허함이 그들의 경직된 얼굴에 깊은 자국을 남기고, 그들의 눈을 후벼내고, 그들의 덩치 큰 몸을 수척하게 만들었다. 외부의 빛은 그들을 내면으로부터 반짝이게 해주는 그런 빛이 아니다. 그 빛은 사유에 의해서도 전혀 받아들여지지 않는다. 호퍼의 많은 작품들은 이 의미 없는 햇빛의 연출에 의해 유지되고 있는 것이다.

여기서 '미국식 사실주의'가 문제 된다는 지적에는 우리가 생각하는 것보다 더 중요한 점이 내포되어 있다. 이는 20세기 초 미국의 예술비평이 독자적인 국가예술, 즉 마천루의 아름다움과 대지의 결합, 다시 말해 현세적이고 자본주의적인 행복을 표현하는 독자적인 국가예술이 있어야만 한다는 이념에 얽매여 있었기 때문은 아니다. 오히려 전통이 없는 미국 문화에서 근대의 문제—행복의 기술적 실현을 위한 시도와 행복에 대한 희망의 뒤얽힘, 번영의 공허함과 좋은 삶과의 혼동—가 다른 어떤 곳에서보다 한층 명료하게 가시화될 수밖에 없었기 때문이다. 1926년 한 비평가는 호퍼의 그림 〈일요일Sunday〉이 의심할 나위 없이 미국적이라는 사실을 발견했다. 한 남자가 집 앞 인적 없는 길에 고독하게 앉아 있다. 비평가는 그 안에서 '해학'을 보았지만, 사실 그것은 비애의 그림이다. 호퍼는 그 그림을 통해 자기 작품의 양식과 주제를 발견했고, 주목할 만하게도 신新즉물주의Neue Sachlichkeit •와 비

• 제1차 세계대전 후 독일에서 일어난 미술 운동. 개인의 내면으로 침잠하는 주관적 표현주의와 추상주의에 반대하고, 전후의 혼란상을 사실 그대로 인식하고자 사물 자체에 접근, 객관적 실재를 철저히 파악하려 했다. 1925년 만하임 미술관의 하르트라우프Gustav Hartlaub 관장이 자신이 기획한 '적극적으로 만질 수 있는 실재에 충성을 바쳐왔거나 그것을 되찾은 예술가들'의 전시를 '신즉물주의전展'이라고 명명한 데서 이 명칭이 처음 사용되었다. 신즉물주의 미술은 1)의도적으로 대상을 소묘하듯 정확히 그리고 2)사물을 감상적이지 않은 태도로 관

판적 사실주의 운동에 매우 가까워졌다.

호퍼는 자신이 경탄해 마지않았던 드가처럼 사실주의를 무자비할 지경까지 몰고 간다. 그의 1925년 작 〈철도변의 집House by the Railroad〉에는 하나의 강령이 담겨 있다. 이 그림만큼 그의 사실주의를 대담하게 내보이는 작품은 없다. 우리는 이 그림에서 미국적 미학을 위한 운동에 확실히 적합했을, 전형적으로 미국적인 집을 볼 수 있다. 그런데 그 집은 관찰자의 눈높이에서 철로에 의해 잘려 있다. 근대적 실존의 사실적 정물靜物, nature morte이다. 자체의 바탕에 놓인 역동성에 의해 절단되고 파괴된 시민적 행복의 상징인 것이다. 그 집은 신에게서 버림받은 채 철로 건너편 무無 가운데에 서 있다. 한때 있었음직한 삶으로부터 사방이 단절된 채, 단단한 소통의 레일에 한 번도 접속되지 못한 채 말이다. 호퍼는 자신이 미국의 사실주의로 이해하고 있던 것을 구체적으로 입증했다. 그의 작품에서 인간들 사이의 관계는 거의 노골적으로 찢기고 갈라져 있다.

찰해 냉정하고 날카로운 시각을 견지하며 3)추하더라도 일상적이고 평범한 대상에 관심을 기울이고 4)고립된 대상과 정적인 것을 선호하는 경향을 지닌다.

미국은 그러나 근대die Moderne에 대한 은유일 뿐이다.
근대의 인간들은 차갑다. 영혼이 없다고 일컬어진다. '냉
정'은 20세기에 호퍼와 유사한 실존을 살았던 철학자 아
도르노Theodor W. Adorno, 1903~1969가 근대적 세계의 특징을
지칭해 사용한 개념이다. 그에게 냉정은 시민적 주관성의
기본원리이자, 자신을 지탱하는 데서 삶의 유일한 목적을
발견하는, 고립되고 서로에게 무관심한 주체들의 구체적
인 사회 경험이다. 그에게 이것은 부정성의 경험이다. 그
리고 그의 유일한 희망은 이 경험이 사회 공동체 안에서
자기das Selbst● 격리나 자기지양을 통해서도 소진되지 않는

● 이 개념은 중세 이후 신新시대의 주관화 경향을 배경으로 철학적 의미를 얻
게 되었으므로 전사前史는 없다. 18세기 영국에서 최초로 self라는 용어가 명사
로 사용되었고, 그후 독일어 Selbst로 그 개념이 수용되었다. 로크John Locke,
1632~1704는 self를 인물person, 개성과 동일한 의미로 보면서 사유하는 오성
悟性을 갖춘 존재, 이성과 사유 능력을 갖추고 자신을 자기 자신으로 관찰할 수
있는 존재라고 규정했다. 버클리George Berkeley, 1685~1753는 self를 정신, 영
혼과 동일하다고 보았다. 절대자아를 인식의 주체로 내세웠던 독일의 피히테
Johann Gottlieb Fichte, 1762~1814는 Selbst를 주로 복합어의 접두사로 사용하
면서(예컨대 Selbstbestimmung, Selbstständigkeit 등) 자아성Ichheit을 나타내
기 위해 사용했다. 니체Friedrich Nietzsche, 1844~1900는 육체(몸)의 재평가를
통해 이성 위주의 관계에서 이성의 주체로서의 Selbst 개념을 전도시킨다. 니체
는 《차라투스트라는 이렇게 말했다Also sprach Zarathustra》의 〈신체를 경멸하는
자들에 대하여〉에서 영혼, 이성, 정신 그리고 자아das Ich는 '작은 이성'에 지나
지 않고 형성적, 의지적, 가치생산적이며 모든 사물의 기준은 몸, '큰 이성', Selbst

개성의 다른 이념을 작동시키리라는 점이다. 이것은 그때 껏 하나의 이념에만 머물러 있었다. 현대의 개인은 늘 자신만을 위해 살면서도 동시에 타자들과 일체가 되기를 꿈 꾼다. 아무도 그보다 하찮은 요구에 만족하려 하지 않는 다. 그래서 사람들은 환멸을 느끼며 살아간다. 아무것도 아닌 자신의 행복과 더불어 일체 됨의 기준을 충족하지 못함으로써, 언제나 좌초를 겪는 타자들과의 삶을 포기한 채 살아가고 있는 것이다. 그들은 사는 것이 무엇인지, 삶 을 영위하는 것과 삶을 잘 아는 것이 무엇인지에 대해 어 떤 이해도 구한 적이 없다. 호퍼의 개인은 근대의 자식들

라고 주장한다. 감각과 정신은 도구이자 유희 도구에 지나지 않으며 그 뒤에는 Selbst가 있다는 것이다.《차라투스트라는 이렇게 말했다》의 한국어판 번역자 정 동호는 이 자아das Ich와 구분되는 Selbst를 '자기自己'로 번역하고 있다. "Es(das Selbst) herrscht und des Ichs Beherrscher"를 "이 자기가 지배하는 바, 자아를 지 배하는 것도 그것이다"라고 옮기고 있는 것이다(프리드리히 니체,《차라투스트 라는 이렇게 말했다》, 정동호 옮김, 니체전집, 13권(책세상, 2015), 51~54쪽 참 조). 자아와 자기를 구분하여 자기를 "의식과 무의식의 활동을 통섭하고 있는 총 체적인 영혼의 활동을 의미"하게 하려는 것이 니체의 의도라는 것이다(김정현, 《니체, 생명과 치유의 철학》(책세상, 2010), 261쪽 참조). 부연 설명이 없기는 하 지만 본서의 저자는 das Ich와 das Selbst를 서열적으로 구분해 니체의 의도를 택 한 것으로 보인다. 이런 서열적 구분이 '자기'라는 번역어를 통해 제대로 드러나 는가 하는 문제가 있지만 저자가 das Selbst를 자아das Ich와 구분하여 쓰고 있는 한 본 역자는 그 구분에 따라 불가피하게 '자기'를 das Selbst의 번역어로 삼고자 한다.

이다. 그들은 순간의 끝없는 지속 가운데 돌처럼 경직되었다. 그들은 살 수 없으면서도 죽으려 하지 않는다. 영생이 근대적 인간의 꿈인 한, 그 영생은 실현된다. 그저 악몽으로서 말이다. 인간들이 사라졌을 때, 그 공허한 공간에는 어떤 흔적도 남지 않는다. 그들은 그들의 삶이 그런 것처럼 그렇게 정지된 채, 또 그렇게 눈에 띄지 않는 채 더 이상 존재하지 않게 되고, 아무도 그들을 위해 울지 않을 것이다. 그들은 이 사실을 알고 있다.

자기 소유지의 안전한 공간에서 삶을 누리기를 원할 경우, 그들은 이런 이데올로기의 냉소적 역설을 경험하게 될 것이다. 외부의 재산을 얻는 만큼 자신의 재산을 잃는 역설적 상황을 경험하게 된다는 뜻이다. 빛 안으로의 단순한 움직임이 삶의 능력을 마련해주지는 못한다. 삶의 능력은 개인들이 오래전에 성가신 일로 여기고 포기해버린 수고로움에 그 본질을 두고 있기 때문이다. 그들은 공허한 삶, 염려Sorge가 없는 삶, 죽음이 없는 삶을 대표한다. 그리고 그런 삶은 무가치한 것으로 드러난다. 그림들에서는 염려가 펼쳐질 수 있는 시간이 제거된 것처럼 보인다. 이 사실에는 이론異論의 여지가 없다. 삶이 진행되는 곳은 미래적인 것과 변화의 지평이지만, 여기에는 오로지 현재만 존재하며 변화하는 것이 아무것도 없기 때문이다. 이런 인간들은 자신의 정체성을 절대적으로 고수한다. 그들은 영원히 동일한 존재이다. 결코 다른 사람이 되지 않으며, 설령 나란히 누워 서로에게로 기어든다 할지라도 결코 타자와 만나지 않을 것이다. 따뜻한 햇볕 속에서도 그들은 싸늘하기만 하다.

현대문명의 한가운데에, 질주하는 시간 문화의 한가운데에 텅 빈 공간, 시간이 삭제된 공간이 펼쳐진다. 호퍼는 완고하게 기다려지는 공간들을 그린다. 삶에의 기다림, 삶을 가져다주는 시간에의 기다림, 그러나 그런 시간은 온 적이 없다. 그 시간은 텅 빈 공간에서 사라져버렸기 때문이다. 〈오전 7시Seven AM〉(1948), 길 한구석 또는 경계를 이루는 숲에 움직이는 것은 아무것도 없다. 모든 대상이 각자의 자리에 있고, 모든 것이 깨끗하다. 햇빛 역시 해맑다. 아무도 이 정물을 가로지르지 않을 것이며 시간은 변함없이 아침 7시이다. 질서정연한 세계. 이 질서는 결코 의문의 대상이 되지 않을 것이다. 왜냐하면 문제제기와 새로운 규정은 변화일 것이고 흐르는 시간일 것이기 때문이다. 그러나 시간은 이 그림에서 확실하게 제거되어 있다.

눈길을 끄는 것은 호퍼가 공간을 그리고, 그 공간 안에 인간의 위치를 그리고 있지만 공간의 문화, 인간과 존재, 사물들의 밀접한 관계망을 그리고 있지는 않다는 점이다. 현대에는 이런 문화가 더 이상 존재하지 않으며, 이런 관계망은 친숙한 것으로부터의 이탈과 모든 결속으로부터의 해방을 추구하는 현대의 시간에 의해 끊임없이 그리고 강제적으로 절단되어 있다. 그리하여 호퍼는 개별자의 모든 관계 상실을 그린다. 개별자를 둘러싸고 있지만 그와의 관계는 없이 오로지 연관의 부정 가운데서만 파악할 수 있는 것을 그리는 것이다. 결국 이런 빈 공간에서 개인은 홀로이며, 공허 가운데 소멸한다. 1963년에 호퍼는 〈텅 빈 방안에 있는 태양Sun in an Empty Room〉을 그린다. 이 그림에서 호퍼에게 문제 된 것은 무엇일까? "나에게는 내가 문제이다." 스케치 단계에서는 인물이 공간을 생기 있게 만들어주었으나 호퍼는 그 인물을 최종 작품 속에 그려넣지 않았다. 자기는 비어 있음에서 새롭게 규정될 수 있다. 그러나 이로써 정체성에 대한 탐색이 시도되지는 않는다. "나는 내 정체성이 무엇인지 모른다." 자기 없는 공간—공간이 자기이다. 이 공간을 인지하고 그려내는 일은 자기탐색 그리고 궁극적으로는 자기획득에 기여한다. 기이하게도 태양은 이 공간에 빛과 그림자의 유희를 쓸쓸하게 연출한다. 한 장의 종이로 오려 만든 실루엣처럼 예리한 윤곽을 그리고 있는 것이다. 회화예술은 자기 자신을 예술작품으로 만들기 위해 자신에 대한 자기의 작업에서 생성되는 다른 작품을 목표로 삼는다. 즉 "인간이 작품이다".

호퍼는 근대철학이 거부했던 것을 제공한다. 삶의 문제를 제시하기 위한 공간, 정지와 자신과 자신의 시대를 조회하기 위한 공간, 마지막으로 자신에 대한 작업과 삶의 기술을 만들어내기 위한 공간이 그것이다. 현대의 징후는 삶의 기술의 결여이다. 현대는 삶의 기술을 위한 여유를 너무도 가지지 못했기 때문이다. 그러나 여기서 문제가 되는 것은 감상感傷과 비애가 아니라, 삶의 기술 철학이다. '포스트모던' 문화가 아니라, '다른' 현대*의 문화이다. 철학이 삶을 다스리는 기술에 대한 자체의 전통적 연관을 다시 발견해낸다면 삶에 대한 성찰에 기여할 수 있

을 것이다. 철학에 대한 이런 새로운 이해가 삶의 기술 철
학의 관심사이다.

이러한 철학은 근대의 낭만적 충동을, 실존의 강렬함
에 대한 추구를 그 강렬함이 경험될 때 생동하게 만들기
위해, 그리고 그 강렬함이 경험되지 않거나 지속되지 않
을 때 그것이 무無로 추락하지 않도록 하기 위해, 실존에
어떻게 형식을 부여할 수 있는가 하는 실용적 질문과 단

- 저자는 근대/현대die Moderne와 대칭되면서도 그것에 이어지는 문화의 시
기를 '다른 현대eine andere Moderne'라고 표현하고 있다. 우리는 같은 개념을
대개 포스트모던Postmoderne, 즉 '탈脫근대' 내지는 '근대 이후'라고 부른다. 그
러나 post라는 접두어가 '다음'과 '상반되는'이라는 의미를 가지고 있기 때문에
Postmoderne이라고 하면 용어 자체로는 근대/현대를 비판적으로 보는 것인지
아닌지 불분명할 수 있다. 본서의 저자는 근대/현대를 비판적으로 수용하는 입
장에서 'Postmoderne' 대신 'eine andere Moderne'이라는 용어를 택한 것으로 보
인다. 실제로 저자는 독일의 시사 주간지《슈피겔Der Spiegel》과의 대담에서 자
신은 Postmoderne 대신 andere Moderne을 사용하겠다고 밝힌 적이 있으며(《슈
피겔》, 제52호(2008년 12월 20일자) 참조.) 훨씬 더 전의 어느 라디오 방송에서
는 이 '다른' 현대가 "우리가 지금까지 인식하고 있는 근대의 성취, 예컨대 근대
적 자유의 성취, 인권의 성취를 포기하지 않으며, 우리가 근대와 더불어 내려놓
은 것으로 믿었던 다른 가치들, 예컨대 성실, 신뢰와 같은 것을 재발견하겠다는
소망을 담고 있다"(도이칠란트풍크Deutschlandfunk, 1999년 2월 3일 방송 참조)
라고 피력한 바 있다. 말하자면, '다른' 현대가 재건의 시대이기를, 모든 것을 바
닥으로 끌고 가는 파괴의 시대가 아니기를 바란다는 것이다. 이런 의미에서 슈미
트의 '다른' 현대는 단순히 포스트모던을 대체하는 용어는 아니라고 할 수 있다.
따라서 역자는 이러한 특별한 의미의 '다른 현대'의 '다른'을 원문과는 관계없이
홑따옴표를 써서 표기했다.

단히 결합시키는 과제를 안게 된다. 낭만적 충동은 실존적이다. 실제로 살아내고 있는 삶에 대응하여, 참된 삶에 대한 항상 새로운 질문을 비판적인 교정수단으로 삼기 위해서이다. 실용주의적 방향 설정을 포기할 수는 없다. 참된 삶에 대한 질문에서 멈추지 않기 위해 그리고 단순한 문제제기만으로 모든 것을 예단하지 않기 위해 말이다.

3.
주체적 삶의 가능성,
삶의 기술로서의 철학

성찰적 삶의 기술의 서로 다른 여러 관점—이것을 전개
하는 것이 이 작업의 관심사인데—을 해명하는 데는 불
안한 가운데서도 자신의 삶과 자기 자신에 대해 골똘히
생각하는 사람에게 제기되는 몇몇 질문이 선행된다. 이
결정적이고 근본적인 질문은 아직은 형성 가능성이나 그
가능성의 실행에 대한 세부사항 쪽을 향하지 않는다. 오
히려 처음부터 그 형성의 의의意義 쪽을 향한다. 도대체 무
엇 때문에 그런 것을 형성한단 말인가? 삶의 기술을 시도하
기에 앞서 일종의 무의미가 확인되면, 거기에는 무언중
이런 의문이 이미 표현되어 있는 셈이다. 의의 또는 무의

미는 그때마다 개인이 판단한다. 물론 삶의 기술을 형성하기 위한 중요한 논쟁은 고대철학으로부터 수용될 수 있다. 왜 형성하는가? 삶은 짧다는 것이 그 근거이다. 이것이 최종적 논거이다. 다른 모든 사항들을 토론한 뒤 마지막으로 남겨져 있기 때문에 '최종적'이고, '끝장'에 관련되기 때문에 '최종적'이다. 이것은 각 개인이 더 이상 공동체의 품안에서 그리고 전통적이며 무한한 세대 계승 속에서 보존되지 않고, 죽음의 전적인 힘을 알아채게 되는 문화에서 특별히 설득력을 얻는다. 죽음은 그저 삶이 끝났다는 사실을 필연적으로 의미하는 것이 아니라, 이런 형식을 통해 삶이 끝났음을 의미한다. 죽음은 일종의 경계이다. 죽음 '그 자체'는 존재하지 않는다. 죽음은 우리가 그것에 관해 하는 생각에 따라 달라지고, 그 생각은 우리가 살고 있는 사회의 문화에 따라 달라진다. 현대의 인간만이 엄청난 고독 가운데서 죽음을 맞이한다. 현대의 인간에게만 죽음이 삶의 절대적 한계이다. 현대의 인간에게만 죽음이 '고유성'을 드러낸다. 삶의 기술 철학은 죽음과 관련해 스토아 학파의 철학을 따른다. 하이데거Martin Heidegger, 1889~1976가 제안한 이 철학의 변형된 수용을 따르지 않는다. 삶의 기술에서 중요한 것은 삶의 한계에 대한 인식이지 '죽음에 이르는 존재'가 아닌 것이다.

그러므로 우리가 죽음의 덕분으로 돌려야 할 것은 삶의 한계설정이다. 이런 한계가 없었다면, 삶의 형성은 관심거리가 되지 못했을 것이다. 이것은 개인적으로만이 아니라 정치적으로도 엄청난 폭발력을 내포하고 있음이 많은 폭동과 혁명을 통해 드러났다. 1989년에도 이런 일이 일어났다.* 그때 사람들은 자신의 삶을 자신이 지니고 있으며 허비하고 싶지 않은 유일한 삶으로 내세웠다. 그들은 그들이 꿈꾸는 것을 삶의 경과 안에서 살아 있는 동안 실현하고 싶어 했다. 삶의 한계인 죽음이 삶을 살아가기를, 그것도 실속 있게 살아가기를 요구하고 재촉한 것이다. 이를 위해 필요한 것은 죽음에의 고착이 아니라, 한계에 대한 인식이다. 삶의 한계는 삶의 가능성에 대한 조건이기도 하다. 삶을 영원히 누리고자 하면 삶을 무너뜨리

• 1989년은 "전지구적 전환"(마티아스 미델Matthias Middell)이 일어난 역사적인 해이다. 6·4 천안문 사건에 이어 베를린 장벽의 붕괴, 체코의 벨벳 혁명 등 동유럽의 혁명 같은 격변이 연쇄적으로 발생했다. 동서 분할의 종결과 같은 많은 '끝'과 함께 '아랍의 봄'과 같은 많은 '시작'이 일어난 역사적 분기점이 바로 1989년이다.

게 된다. 이것은 영원히 쾌락을 누리고자 하면 쾌락을 망치게 되는 것과 같다. 우리는 모든 쾌락이 영원하기를 원한다. 그러나 영원은 쾌락의 죽음이다. 이것은 삶에도 해당된다. 설사 영원불멸이 가능해진다 하더라도 그것이 반드시 바람직한 일은 아닐 것이다. 그것은 삶의 정지를 의미할 수 있기 때문이다. 우리가 먼 미래에도 살 수 있다면, 도대체 무엇을 위해 지금 이 삶을 살아야 하는가? 도대체 무엇을 위해 무언가를 해야 하는가? 만일 죽음이 없다면, 우리는 끝없는 연장이 본질인 지루한 삶을 이어가지 않기 위해 죽음을 고안해내야 할지도 모른다. 그러므로 한계는 긍정적이다. 삶을 흘러가는 대로 그냥 내버려두지 않고 실질적으로 살기 위해 한계가 긍정적이라는 뜻이다. 삶의 환희는 죽음이라는 한계에 고마워해야 한다. 철학을 한다는 것은 이런 한계의식 안에서 사는 법을 배우는 것이다.

이러한 형성을 진지하게 다루고 나면, 근본적 질문이 삶의 기술의 주체에게 제기된다. 나는 내 삶을 어떻게 이끌수 있는가?가 그것이다. 이것은 윤리적인 근본 질문('나는 무엇을 해야 하는가?')을 삶의 기술로 바꾸어 받아들인 형식이다. 이런 질문을 통해 추상적 삶에서 벗어나 고유한 삶을 살게 해주는, 삶의 습득을 향한 첫걸음이 시작된다. 개인이 자유롭게 삶을 영위하는 것은 현대적 이념의 하나이므로, 현대에서 삶이 의미하는 것의 조건과 가능성들은 주제가 될 수 있다. 이때 현대 자체가 지닌 내적 모순들이 특별한 관심의 대상이 된다. 이 내적 모순들은 삶을 영위하는 데 모순이 되는 문제들을 제기한다. 그러나 핵심이 되는 문제는 자유에 대한 현대적 이해이다. 이 이해는 한편으로는 해방에 대한 극도로 방대한 관심 때문에 자유의 형식에 대한 작업을 등한시했으며, 다른 한편으로는 자유의 본질적인 모순 구조를 거부하려 했다. '포스트모던' 시대에 들어서서 문제가 더욱 격렬해진 탓에 '다른' 현대에 대한 탐색이 시작되고 있다. 이 '다른' 현대의 관심사는 자유 실천의 확장이고, 이 '다른' 현대의 환경에서 삶의 기술의 주체는 삶을 스스로 이끌어가며, 삶의 양식을 실현하고 삶의 형식을 얻어내려 한다. 특히 현대 및 포스트모던 시대의 매체와 정보기술들이 삶의 수행이라는 문제에 대해 제시하고 있는 도전과 대결을 통해서 말이다.

그런 다음 나는 어떤 연관 가운데 살고 있는가? 삶을 가능하게 하는 연관은 어떻게 형성되는가?라는 구조적 질문이 삶의 기술이 전개시킬 수 있는 연관들을 겨냥해 제기된다. 삶의 기술이 지닌 기본적 특성은 지배적 구조의 지평에서 자신의 고유한 실존을 보게 된다는 점이다. 이때 권력구조에 의해 침투된 특별한 사회적·공동체적 연관들이 시야에 들어선다. 주체에게 행사되는 권력이 주목을 끈다. 하지만 그 권력을 행사하기 위해 지배 권력의 시녀 역할에 머물지 않고 오히려 권력관계의 역전 가능성을 모색하며, 결국에는 자기 자신의 권력을 신중하게 다루면서 경솔하게 지배관계에 협력하지 않는 권력도 주목의 대상이다. 현존하는 구조에 불만이 있을 경우, 그 구조를 변화시키려면 오랜 시간에 걸쳐 많은 개인들이 조화로운 행동을 보여야 한다. 개별적 조치를 통해 변화하지 않는 구조의 공간과 오랜 기간의 분할에 따른 조화로운 행동 말이다. 공동체적 참여는 자기 자신의 것이건 타자의 것이건 삶의 형성을 위한 구조적 조건과 가능성들을 개선하는 데 도움이 된다. 바로 이것이 '삶의 기술의 정치'가 가지고 있는 관심사이다.

선택에 관한 질문이 여기에 이어진다. 나에게는 어떤

선택의 가능성이 있는가?가 그것이다. 삶의 기술의 내용이 어떻게 구성되는지는 전적으로 주체 자신의 선택에 달려 있다. 그런데 선택의 자유가 있기는 한가라는 의문이 첫 번째 염려로 대두된다. 현대의 문제는 개인들이 미처 준비도 되지 않은 상태에서 선택을 해야 하는 상황이 급증한다는 데 있는 것 같다. 이때 관건은 선택이란 도대체 무엇이며, 선택과 결정은 어떻게 구분되는가를 해명하는 일일 것이다. 선택의 가장 중요한 전제조건은 구조적 조건들을 통한 선택의 제한성을 고려해 선택 행위를 공허한 공간에 고착시키지 않는 것이다. 선택은 가능성의 한 지평을 열거나 닫는다. 그리하여 '선택 공동체' 안에 속한 개인의 삶에, 그리고 공동의 삶에 방향을 부여하게 된다. 현명한 선택의 구성요소들은 따로 떼어서 설명해야 할지도 모른다. 감수성, 직감 능력, 판단력, 영리함이 그 구성요소이다.

이 배후에는 나는 누구인가?라는 주체에 관한 질문이 자리잡고 있다. 이것은 선택하고 스스로를 구성하는 삶의 기술의 주체가 가진 자기이해에 대한 질문이다. 자기구성의 이념은 철학적 주체 개념의 구성요소로 증명되고 있다. 이 이념은 그런 개념의 중심에서 발견되는 자의식 이념과 같아 보인다. 그러나 주체는 현대적 확신과는 달리 정체성의 기준에 따라 규정될 필요가 없으며, 포스트모던의 확신에 따라 전적인 해체로 귀속될 필요도 없다. 오히려 다른 방식으로, 자력으로 스스로를 조직할 수 있다. 주체의 자기조직과 자기구성은 자기염려의 책무이다. 동시에 주체는 혼자서가 아니라 타인들과의 관계에서 그리고 그들과의 협조에서 자기이해를 얻어낼 수 있다는 사실을 감지한다. 주체는 타인들에 의해 구성되며 자기염려만으로 자체에서 무엇인가를 만들어낼 수는 없다는 사실, 그러므로 타인과의 관계 형성 역시 자기구성에 해당한다는 사실, 또한 타인들에 대한 염려는 곧 자기염려라는 사실이 시야에 들어오는 것이다. 타인에 대한 염려는 확장을 통해 공동체에 대한 염려, 그리고 공동체의 내적 체질에 대한 염려로 변환한다.

주체가 자신의 삶 가운데에서 택한 길은 해석학적 질문을 통해 연역된다. 나는 삶에 대해 어떤 이해를 갖고 있는가? 주체의 삶 그리고 그 삶의 세계와 관련해, 해석들은 삶의 기술의 주체로 하여금 삶을 제대로 수행할 수 있게 해준다. 해석 작업을 통해 어떤 자기가 의미 있고 어떤 자기가 그렇지 못한지가 해명되고, 무엇이 중요하고 중요하지 않은지, 그리고 삶의 수행이 자기에게 어떤 방식으로 방향을 제시하는지도 해명된다. 해석 작업은 삶의 세계에서 일어나는 현상들과 그 연관들의 의미를 알고 해독하는 것, 무엇을 어떻게 이해할 수 있는지를 아는 것을 목표로 한다. 어떤 경우든 단순히 객관적 의미를 도출해내는 것이 중요한 것은 아니다. 해석 작업은 오히려 스스로 의미를 끌어내고 삶에 의의를 부여하는 데 그 본질이 있다. 해석을 통해, 주체가 삶을 잘 다루기 위해 필요로 하는 지식을 얻을 수 있다. 학문적인 지식과 달리, '삶의 지식'은 의식적 관점에만 존재하지 않는다. 교육적 범위 내에서 삶의 지식의 전파는 무엇보다 삶의 지식을 스스로 이끌어낼 수 있는 해석학적 능력의 전파를 그 내용으로 삼는다.

마지막 질문은 나는 무엇을 확실하게 행할 수 있는가?라는 실질적인 질문이다. 이것은 주체의 기본적 태도와 관련된 것이기도 하고, 일상적 삶과 관련된 것이기도 하다. 어떤 경우에도 삶에 형식을 부여할 수 있는 훈련과 테크닉이 중요하다. 우리는 이것들을 예시적으로만 고찰할 수 있다. 습관을 기르기 위한 훈련 또는 쾌락을 다루기 위한 기법과 같은 예를 통해 고찰할 수 있다는 말이다. 어떤 훈련은 극단적 염려가 걸린 죽음을 함께하는 삶을 맡는다. 시간이라는 유별난 현상을 다루는 훈련은 삶이 짧다는 사실로 인한 근본적 특성을 지니며, 이런 시도의 기법들은 실험적 특성을 가지고 있다. 일정한 목표를 가지고 이 기법들을 적용하면 곧바로 수상록 형태의 삶의 방식으로 이어진다. 예컨대 격정이나 분노 같은 것을 다루는 기법들은 고대의 삶의 기술 철학을 재수용해 새롭게 만들어질 수 있으며, 모순을 이론적으로 다루는 훈련을 위해서는 반어反語(아이러니)의 기법들을 원용할 수 있다. 현대 그리고 포스트모던의 문제들과의 분명한 연관 안에 역전의 기법이 놓여 있다. 이 기법의 도움을 받아 지배적으로 유행하는 긍정적 사고 대신 부정적 사고가 시험적으로 자리매김할 수도 있다. 마지막으로 다가오는 시대의 카산드라 Cassandra•로서 멜랑콜리가 삶의 기술 안으로 스며들고, 삶

• 그리스 신화에 나오는 프리아모스Priamos 왕의 딸로, 미래를 내다보는 특별한 능력이 있었다. 파리스Paris가 트로이에서 일으킬 재난, 트로이 목마가 일으킬 참극, 아가멤논Agamemnon의 죽음 등을 예언했다. 사람들은 이 예언을 믿지

의 기술의 고전적 기법인 마음의 평정을 떠올리게 된다. 삶의 기술이 전개되는 생태적 연관의 기본적 관점은 '마음의 단호한 평정'을 필요로 한다. 이 침착한 삶의 수행은 '가상공간에서의 삶의 기술'의 양식 중 하나이다. 삶의 기술의 구성요소로서 대중적으로 잘 알려져 있는 건강, 쾌활함, 행복은 이런 개념들에 대한 현대적 이해만을 따르지 않기 위해 별도의 관찰을 필요로 한다. 예컨대 행복에 대한 현대적 이해가 그렇다. 행복의 목표점은 모든 비판을 넘어 고양되어 있는 것처럼 보인다. 동시에 그것은 아늑하고 풍부한 성취를 거둔 삶과 동일시되고 대개 만족감, '기분 좋은 느낌' 같은 매우 유쾌한 정서를 대신해서 쓰이며, 상당 부분 지금 여기에 존재하는 것이 아니라는 느낌을 불러일으키는데도 불구하고, 지금 여기의 행복을 지칭해 쓰이고 있다. 마지막으로 대중적 시각을 넘어 철학적 시각에서 삶의 기술을 새롭게 해석하는 목표를 언급할 필요가 있다. 스스로 '아름다운 삶'을 만들어내는 것이 그것이다.

않으려 했으나 이 예언들은 모두 적중했다. 나쁜 소식을 계속 예언하는 자를 의미하기도 한다.

삶의 기술의 효과를 본 사람은 충만한 삶을 이끌어간다. 그는 다른 사람들보다 한층 더 철저하다. 왜냐하면 자신과 자신의 삶을 성찰하고 삶의 '근거들'을 이해하려고 애쓰기 때문이다. 어쩌면 그는 다른 사람들보다 한층 더 넓은 시야를 가지고 있다. 그는 성공한 그리고 가능한 다양한 경험이라는 넓은 지평에서, 열정적인 동시에 명철하게 살고 있기 때문이다. 우리는 그런 사람에게서 총명함을 기대할 수 있다. 그런 사람은 새롭고 불확실한 경험을 반복해서 감행하기 위한 호기심을 항상 가득 지니고 있는 사람이다. 그런 사람은 모든 점에서 도중에 위치한 사람이다. 그는 삶의 한가운데에 있으면서 동시에 바깥 저 멀리에 있다. 그리하여 사물과 자기 자신을 바깥에서 바라보고, 고통스러우면서도 즐거운 체험을 하게 되는 것이다.

그러나 지나치게 많은 파토스를 가지고 삶의 기술에 대해 언급하고 싶지는 않다. 왜냐하면 삶의 기술은 우리가 소유한 것이 아니라 우리에게 없는, 그리고 앞으로도 두려울 정도로 결핍될 그 무엇이기 때문이다.

4.
습관의 그물 짜기

자기강화Selbstmächtigkeit●를 얻어내고 자신과 자신의 삶을

● 이 책의 마지막 장 〈삶의 기술의 목적: 아름다운 삶 살기〉에서 이 개념에 대한
저자의 정의와 의미 부여를 접할 수 있다. '자기강화'로 번역되는(김정현,《철학
과 마음의 치유》(책세상, 2013), 171쪽 참조) 이 개념은 저자의 정의와 의미 부여
에 따르면 자기강화의 결실인 힘까지 포함하므로—"자기강화는 '자신에 대한 힘
Macht über sich selbst'이다"(라디오 브레멘Radio Bremen에서의 대담,《도이체 알
게마이네 주간지Deutsche Allgemeine Sonntagsblatt》, 1999년 4월 16일자 참조)—여
기서는 문맥에 따라 '자기강화' 또는 '자기강화의 힘'으로 번역했다. 국어사전에
등재되어 있는 '자강自彊/自强'(자기강화의 줄임말)의 풀이 '스스로 힘써 몸과 마
음을 가다듬음'은 일상에서의 쓰임새이지만 여기에 쓰인 자기강화의 일차적 이해
에 도움이 된다. 슈미트는 "자기강화는 저절로 생기는 것이 아니라, 오로지 금욕
적 수련을 통해 형성된다"고 말한 적이 있고, "자기강화는 포기의 가능성을 내포
한다"라고 말하기도 했다. 문맥에 따라서는 자제력으로 읽히는 경우가 많은 것도
사실이다. 다만 저자는 이것이 '자신에 대한 지배Herrschaft' 또는 통제력으로 오
인되지 않아야 한다고 주장하고 있다(위에 언급한 라디오 브레멘에서의 대담 중).

형성하기 위해, 삶의 기술의 주체는 실천에 옮길 수련과 응용할 테크닉을 필요로 한다. 그러므로 삶의 철학은 일종의 고행苦行, Asketik을 포함한다. 기독교적 의미 전환에 맞서 되살려지는 고대적 의미의 금욕의 교리를 포함하고 있는 것이다. 삶의 기술에 관한 고대철학에서 이 개념은 수련을 의미했다. 이 수련을 통해 자신과 자신의 삶이 형성되고 변화한다. 이 수련은 육체적, 영적 또는 정신적으로 실행될 수 있다. 많은 수련 가운데 하나는 기독교 문화에서 그 총체적 개념을 이용한 바 있는 포기, 체념, 절제 그리고 쾌락을 극복하는 힘의 수련이다.

삶의 기술을 지속적으로 수련하고 의식적으로 실행하는 기법 중 하나는 습관이다. 습관은 규칙적인 수련을 통해 생겨나며, 그 자체가 규칙성의 진수이다. 이 규칙성의 도움으로 우선 자세가 형성되고 행동방식이 습득된다. 같은 일(몸짓, 행위, 어떤 관점 취하기, 특정한 사상을 사유하기)을 규칙적이고 지속적으로 반복하다 보면 습관이 된다. 그 결과 그것은 자명한 것이 되고, 애쓸 필요 없이, 또 깊이 생각할 필요도 없이 진행되면서 시간 속에 뿌리를 내리게 된다. 특정한 움직임은 그것의 수련을 바탕으로 삼

아 '능력'으로 변화한다. 그리고 그 움직임의 실행은 일회
적 실행의 경우보다 한층 용이하고, 한층 빠르고, 한층 정
밀하게 진행되는 것이다. 이것이 기술의 모든 양식, 그리
고 고행이라는 삶의 기술을 통한 기법적 원리이다. 이것
은 부단한 반복의 해머(망치)인데, 이 해머로 습관이라는
형태가 단련되는 것이다. 이러한 작업은 성찰 훨씬 이전
에 이미 삶의 기술의 한 방식이다. 어린아이들이 그렇듯
이 말이다. 어린아이들은 어떤 것을 배울 때 우선 모방과
끝없는 반복을 통해 습관을 들인다. 그렇게 해서 그것을
자신의 것으로 만드는 것이다.

　습관은 실행의 반복과 규칙성을 바탕으로 하여 필연
적으로 선택의 부담을 줄여준다. 이제 자기는 습관을 통해
이미 결정된 것에 끌려가는 일을 용납할 수 있다. 습관은
우리가 암묵적이고 수동적인 선택을 통해 상황을 무의식
적으로 그냥 내버려두지 않도록 의식적으로 형성되어야
한다. 매 순간 해야 하는 선택의 끊임없는 요구에서 벗어
나기 위해, 어떤 선택을 할 때 모든 관점을 고려하는 습관
을 정착시키기 위해 습관의 의식적 형성이 필요하다. 우
리가 뭔가를 선택할 때, 일반적으로 명료함이 아니라 혼

돈에 지배되기 때문이기도 하다. 일은 습관의 선로 위에서는 신빙성 있게 그리고 경탄할 만한 규칙성 아래에서는 원만하게 진행된다. 이처럼 우리는 어렵지 않게 선택을 할 수 있게 된다. 또한 교제의 습관을 통해 인간, 사물 그리고 관계들과 친밀해질수록, 그러지 않았더라면 익숙하지 않은 것의 일목요연하지 못한 특성 때문에 놓쳤을 수 있는 그것들의 특수성을 더 잘 알게 되고, 그런 앎을 통해 민감한 선택도 할 수 있는 경지에까지 이르게 된다.

습관 들이기Gewöhnung 과정에서 좁고 직접적인 의미에서든 넓고 비유적인 의미에서든 거처Wohnung라고 부를 수 있는 환경에 대한 친밀감이 생겨난다. 습관이 낯섦을 극복하고 친밀감을 북돋울 때 삶은 잘 정돈될 수 있다. 습관과 거처의 내밀한 얽힘이 주거 공간을 특징짓는다. 이 공간에서 본질적인 것은 '네 개의 벽'이나 가재도구가 아니라, 그 영역에서 전개되고 분화하면서 내면과 외면을 구조화하고 경험 가능하게 만들어주는 습관들이기 때문이다. 일정한 주거가 없을 때 우리가 힘들어지는 것은 아마도 이런 이유에서일 것이다. 일정한 주거가 없으면 삶이 정돈되지 않고, 주체가 결국 길을 잃고, 특정한 장소만을 빈번히 오가면서 파멸로 드러난 특별한 습관을 통해 자신을 유지하게 되는 것이다. 그러나 거처가 어떻게 바뀌든, 개인적 교제에서 어떤 상실을 경험하든, 관계가 어떤 해체를 겪든, 본질적인 문제는 습관으로부터의 단절이다. 따라서 염려의 과제는 습관의 그물을 짜는 데 집중된다. 그리하여 우리는 공간과 관계들 안에 거주하며 삶의 기술을 가꿀 수 있게 되는 것이다. "철새들도 습관의 그물 안에서 날개를 펄럭인다, 그들의 비상이 대륙 너머로 펼쳐져 있을지라도."(하이너 뮐러Heiner Müller, 1929~1995) 습관의 그물 안에서 관계들은 그것들을 달리 존재하게 하지 않는 필연성을 부여받는다. 크고 작은 재앙 한가운데에서도 습관들이 변함없이 유지되고, 주체가 그 그물에 얼마만큼 지지받느냐 그리고 경우에 따라서는 억제되느냐 하는 것은 개인적 그리고 집단적 역사의 진행 가운데 드러난다. 습관이 어려운 상황에서도 힘을 이끌어내는 원천인 리듬을 삶에 부여하기 때문이다.

삶의 기술의 주체는 근본적으로 여러 양식의 습관과 관련을 맺고 있다. 우선 타율적 습관이라고 부를 수 있는, 사회와 문화로부터 별다른 성찰 없이 받아들여지는 습관이 있다. 이런 습관은 의식적으로 배어드는 일이 거의 없다. 그렇기 때문에 아무런 기척 없이 다가오며 유희하듯 주체를 형성한다. 어떤 행동, 어떤 몸짓은 그것을 알아차리지도 못하는 사이에 받아들여지고 자기화된다. 그저 무심결에 그것이 마음에 들었거나 아니면 다른 형식이 손에 들려 있지 않기 때문이다. 일상적인 삶은 인지, 사유, 인식 그리고 판단의 습관까지 포함된 이런 기반을 대가로 치른다. 심지어 진기해 보이는 의견들조차 익숙해지는 과정을 통해 정상 상태의 '일상적인 것'으로 변한다. 수동적인 습관은 나아가 외적 현상이라는 형식을 취하는 습관일 수 있으며, 얼굴 표정에, 말하는 방식에, 옷차림에 드러날 수 있다. 이 수동적 습관들은 권력관계의 습관들 가운데, 개인들 상호간에 그리고 일반적으로는 사회의 구조 안에 숨겨져 있다. 즉 지배관계는 습관 안에 저장될 수 있다. 다시 말해, 습관들이 오랜 시간에 걸쳐 피지배자의 몸에 입력되었다면, 그리고 피지배자들이 그들 나름대로 습관에 맞춰 권력의 처분에 부응했다면, 노력해야만 자유에 익숙해질 수 있는 한도 내에서 지배관계는 습관 안에 저장될 수 있는 것이다.

주체는 어떤 경우에도 습관 안에 거주한다. 그러나 우리가 성찰하는 삶의 기술에서 의미 있는 다른 형식의 습관은 자기입법 아래 놓여 있는 자율적 습관이다. 여기서 타율적 습관이 새롭게 중요해질 수 있다. 성찰하지 않은 것이 아니라, 의식적으로 동화된 타율적 습관 말이다. 그러나 무엇보다 자기 자신의 고유한 그리고 완고한 습관들이 훈련되고 습득될 수 있다. 이 습관들을 통해 여느 경우와는 다르게 스스로를 특징짓게 된다. 왜냐하면 인습적이고 타율적인 습관들과는 달리, 이 습관은 자기가 스스로 선택한 태도를 드러내기 때문이다. 교육이 타율적이고 사회적으로 재단된 습관들을 전달하는 것을 우선적 목표로 삼는 경우에도, 자유로운 공동체 안에서는 습관화 작업을 점차 자율적인 것으로 고쳐나가는 일이 허용된다. 그렇게 해야만 개인들이 현재의 자기 습관들을 평가할 수 있고, 새로운 습관을 스스로 시작하는 입장에 서게 된다.

부단히 변화를 꾀하지 않으면 행동방식들이 곧 습관이 된다. 마찬가지로, 습관에 의해 완전히 각인된 태도가 일정한 형태를 갖출 수도 있다. 주체의 일관성Kohärenz을 형성하는, 모순으로부터 결코 자유롭지 않은 규칙적 연관들이 습관을 통해 견고해진다. 일관성의 총계는 사실 얼마 되지 않는 포기할 수 없는 습관들로부터 연역될 수 있다. 일관성의 핵심에는 실존적 습관들이 들어 있다. 이 습관들은 투명해진 형식 덕분에 다르게 존재하는 경우를 거의 생각할 수도 없게 한다. 이 습관들은 자율적이며 개별적인 선택에 근거하고 있으며, 내면화된 외부의 힘에 의한 타율적 구조화에 기인하기도 한다. 이러한 핵심 영역에 의식적으로 관여하고 습관의 구조를 수정하는 일은 끈질긴 노력과 힘들고 긴 고행을 요구한다. 여기에는 충분한 근거가 있는데, 일관성의 핵심이 자의적으로 변동될 수 있다면, 모든 태도는 서서히 그 토대를 잃게 될 것이기 때문이다. 따라서 성찰적인 삶의 기술의 관심사는 불가피하게 습관을 선택하고 변화시킬 뿐만 아니라, 그것들을 존속시키고 그대로 허용하는 것이다.

자기의 일관성의 주변은 유동적이며 여기서 기능적 습관들이 다시금 우세해진다. 이 습관은 바뀌는 '유행'의 법칙을 고려하고 여러 상황과 바뀌는 조건들 속에서도 주체의 삶을 가능하게 하는, 오직 하나의 기능을 충족시켜야 하는 습관이다. 변하는 조건들 속에서도 여전히 습관으로 남아 있는 것에는, 여전히 의의를 지닌 습관들의 앙상블을 자신의 주위로 모으는 데는 많은 영리함이 담겨 있다. 새로운 것과 이질적인 것을 자기의 일관성 안으로 편입시키는 일 역시 이런 영역의 습관 형성을 통해 문제없이 실현된다. 그리하여 성찰적인 삶의 기술은 두 개의 가능성을 지니게 된다. 실존적 습관들을 고수하는 일과 기능적 습관들에 토대를 마련해주는 일이 그것이다. 실존적 습관들은 확고하게 짜인 태도 형성을 위해 필요한 반면, 기능적 습관들은 때때로 이 태도를 변경하고 수정할 수 있게 한다. 그렇게 해서 안정성과 유동성 사이의 폭을 최대로 이용할 수 있는 것이다.

확고하게 정착된 습관들은 어떤 경우에도 일종의 힘이 된다. 우리가 습관의 힘에 대해 언급하는 것은 우연이 아니다. 이것은 자기강화에 형태를 부여하며, 자기강화에 맞서는 힘이기도 하다. 왜냐하면 "습관의 힘의 가장 탁월한 효과는 우리가 그 힘의 명령에 대해 깊이 생각하고 검토해보기 위해 그것의 통제로부터 벗어날 경우 더 이상 우리 자신에게로 돌아올 수 없을 만큼 우리를 사로잡고 예속시키는" 것이기 때문이다. 이런 이유로 몽테뉴Michel de Montaigne, 1533~1592는 삶의 상이한 상황에 맞게 여러 가지 다른 습관들을 준비해놓으라고, 그리고 계기가 생겨 마음에 드는 습관에서 벗어나지 않으면 안 될 때에도 즉각 정상적인 모습을 잃지는 말라고 촉구한다. 마지막으로 "어떤 삶의 방식도 규정과 규율에 따라 수행하는 방식처럼 멍청하거나 빈약하지는 않다." 말하자면 습관은 스스로에게 형식을 부여하고 그것을 주관적으로 해석되게 만드는 하나의 기법이다. 반면 자기는 그 습관들의 노예가 되지는 않을까 근심한다. 성찰적인 삶의 기술에서 어떤 습관을 배척하는 것은 선택의 독립성과 마찬가지로 주체의 손에 달려 있다. 그렇지 않다면 주체는 습관들의 그물에 갇힌 자가 되고, 몇몇 습관들의 문제제기에 의해 실존적으로 충격을 받을지도 모른다.

타율적 또는 자율적 습관의 형성에서 습관의 힘은 관성의 법칙에 의존한다. 아무런 수고 없이 따를 수 있는 습관의 본질은 관성적 지속이다. 모든 것이 그대로 머무는 것과 달리, 습관의 변동을 일으키려는 충동은 상당한 힘의 소모를 요구하기 때문이다. 또한 변동에 이르면, 그 변동은 설령 그것이 혁명적이었다 할지라도 짧거나 긴 시간이 흐른 뒤 다시 습관으로 퇴적된다. 혁명적인 열정은 부지불식간에, 그러나 저지할 수 없을 만큼 개인적으로 사회적으로 약화된다. 그리하여 습관과의 단절을 의미하는 모든 변동은 어쩔 수 없이 새로운 습관으로 접어들게 되고, 그렇게 해서 혁신을 확정한다. 그러나 변동은 새로운 습관을 정체에 이르게 만들기도 한다. 칸트 Immanuel Kant, 1724~1804가 관성의 법칙을 모든 습관의 위험한 적대자로 삼은 것은 바로 그러한 이유에서다. 비록 그가 개인적으로는 자신의 습관을 무척이나 정성스럽게 가꾸었지만 말이다. 칸트는 일상적 삶에 틀을 만들어주는 것은 인정했지만, 주체의 자율성과 자주적 판단력을 파괴하는 것들은 증오했다. 따라서 윤리적인 기본태도는 습관으로 변해서는 안 되고, 오히려 "항상 새롭고 근원적인 사고방식을 통해 생성되어야 한다". 습관은 단조로움으로, "똑같은 행위의 생각 없는 반복"으로 이어지며, 심지어 인간을 본능에 이끌리는 동물로 변하게 한다. 줄여서 말하면, "모든 습관은 거의 항상 사악하다"는 것이다.

습관은 어쩔 수 없이 이중의 딜레마에 빠져든다. 습관화는 삶의 침착한 실행을 가능하게 해준다. 그렇지만 늘

무감각이 뒤따른다. 그리하여 이미 익숙해진 것과는 다른 것을 생각하고 느끼는 것이 어려워지고, 습관적이지 않은 다른 방식으로 인지하고 생각하는 것도 어려워진다. 기계적 진행은 삶의 공전空轉으로 이어진다. 삶의 실행 중 제한된 일부분만 습관에 맡기는 것이 이 첫 번째 딜레마의 해법일 수도 있다. 그렇게 해서 그 외의 빈 공간을 다른 것, 습관화되지 않은 것, 습관적이지 않은 것의 인식을 위해 열어두는 것이다. 다른 딜레마는 보다 깊이 뿌리내린 것으로, 습관이 자체의 무게를 형성할 수 있으며 그 결과 천부적인 것처럼 보이는 또는 어떤 식으로든 미리 결정된 것처럼 보이는 것이 극복될 수 있고 자유의 획득이 따르게 된다는 점이다. 이와 함께 새로운 필연성이라는 장치가 나타난다. 이 새로운 필연성은 극복된 것들과 비교할 때 어떤 점에서도 뒤지지 않는다. 그렇지 않다면 '제2의 천성'으로서의 습관은 언급의 대상이 될 수 없었을 것이다. '제1의 천성'과는 달리, 이 필연성은 스스로 생성된 천성이다. 그러나 이 필연성도 아무런 문제 없이 존재할 수 있는 것은 아니며, 그렇지 않다면 더 이상 습관이 아닐 것이다. 선호하게 된 습관들을 습관적으로 다시금 문제 삼는 데서 자유와 필연성, 이 모순을 살려낼 가능성을 찾을 수 있다. 경우에 따라 그 습관들을 새롭게 세우기 위해서 말이다. 그렇게 해서 상대적인, 다시 말해 절대적이지 않은 필연성의 습관들이 생겨나는 것이다.

근대 이전의 공간 문화들은 실존적, 전통적 습관들의 우세로부터 시간 안에서의 변함없는 상태와 변화에 대항하는 저항력을 얻는다. 이와는 달리, 근대의 갑작스러운 등장은 전래된 습관들에 대한 의문 제기와 결부된다. 삶의 모든 친숙한 양식들은 시간의 명령, 즉 변동에 예속되고, 그 결과 새롭게 생성되는 시간 문화에서는 기능적이며, 무조건적이진 않지만 자율적인 습관들이 우세해진다. 놀랍게도 근대문명에서 개인들은 무엇보다 근대적 테크닉의 사용에 별로 자율적이지 못한 것으로 드러난다. 왜냐하면 근대 이전의 잔재인 이런 사용은 일반적으로 전통적이고 좀처럼 성찰적이지 않은 습관들의 도움으로 일어나기 때문이다. '다른' 현대에서는 실존적, 자율적인 습관들의 강화와 함께 다른 것을 위한 공간, 기술적 필연성을 위한 공간이 나타나야 한다. 새롭게 장치된 습관의 기술적 장벽으로 인해 거부되어서는 안 되는 타자들을 위한 공간도 열

려 있어야 할 것이다. 삶의 기술을 위해 '다른' 현대의 습
관들을 다룰 때 요구되는 몇몇 사항들이 그것으로부터 도
출된다. 습관의 형식 안에서 경직을 물리치기 위한 유동성
이 그중 하나이다. 이것에는 무엇보다 '짧은 습관들', 니체
의 경우처럼 실험적 성격을 갖고 있으며 모든 습관에 시
간상의 한계를 부여하는 습관들이 한몫을 한다. 무의식적
충동성은 자기를 습관화되지 않은 것과 잘 소통하고 익숙
한 습관이 해체되자마자 자신의 일관성이 위협당한다고
느끼지 않는 상태로 즉각 옮겨놓아준다. 또한 자기의 감수
성은 어떤 습관에도 주의력이 잠들지 않게 하고, 습관화된
것의 다른 편에 놓여 있는 모든 것을 위해 깨어 있는 감각
을 유지시켜준다. 그렇게 습관 자체를 감시하려 한다.

의식儀式은 습관들의 영역에 속하지만 단순한 습관보
다 한층 복합적이다. 이 의식은 성찰적인 삶의 기술을 위
한 유용성을 통해 도움을 준다. 의식은 자기와 타자들의
교제 그리고 사회 공동체 조직 전체에 '일상적 삶의 제식
祭式'을 형성하기 위한 일종의 형식을 제공한다. 그러나 의
식은 개별적인 형식뿐만 아니라, 마중과 고별 의식, 사랑
의식, 다툼 의식, 가정의 의식과 축제의 의식으로 표현되

며, 어떤 사건에 의미(Sinn, 감각적 형태와 경험 가능성)와 의의(Bedeutung, 강조와 중요성)를 부여한다. 의식의 구조 안에서 매우 다양한 요소들이 각자의 자리를 발견한다. 각 구성요소들의 동일한 형태의 조합과 습관에 따른 연속은 의식의 실질적 변화와 많은 개인들의 관여를 수월하게 해준다. 매번 새롭게 고안하지 않아도 된다는 사실이 한 문화 안에서 의식의 폭넓은 확산을 가능하게 해준다. 의식 안에 묶인 행동방식의 규칙적 반복은 계속성의 기초가 되고, 서둘러 사라져가는 시간에 대해 지연시키는, 순환적인 요소를 맞세운다. 이것이 바로 '다른' 현대적 시공時空 문화의 특성이다. 그러나 성찰적인 삶의 기술을 위해서는 얼마나 앞서 형성된 의식들을 수용해야 하는지, 아니면 스스로 형성된 의식들을 유효화해야 하는지, 즉 무엇을 보존하고 무엇을 수정해야 하는지, 다시 말해 안정과 유동성 사이의 폭을 새롭고 철저하게 이용하기 위해 무엇을 새롭게 시험할 수 있는지를 선택하는 것이 중요하다. 성찰적 삶의 기술에서 그 고유한 수련 및 기법과 함께 고행의 구성요소인 쾌락을 다루는 일 역시 의식에 따라 형성될 수 있다.

5.
쾌락 누리기

삶의 기술에서는 쾌락을 제외하지 않고 여러 관점에서 활용하는 것이 중요하다. 주체는 삶의 조건들을 영리하게 해명하고 그 가능성들을 개발하는 것을 목표로 삼고 자신의 염려와 함께 염려의 전환을 꾀한다. 염려는 지속적으로 견뎌낼 수 없는 일종의 긴장이다. 긴장이 완화되면 최소한 잠시 동안이라도 염려가 멈춘다. 긴장 완화가 삶의 기술에 대한 대중적 이해에 가장 잘 어울릴 것 같은 근심 없음을 가져다주는 것이다. 성찰적·철학적 삶의 기술에는—계산이 없는 것은 아니지만—자기를 순수한 향유에 맡기는 쪽으로 쾌락을 활용하도록 근심 없음이 포함되어 있다. 실존의 향락적 형식은 염려하는 주체의 까다로운 기본태도이지만, 무조건 순간의 결실에 자신을 맡기고 더 이상 근심하지 않는다는 의미에서 그런 것은 아니다. 즉 의식意識의 노력을 모르는 전적인 직접성의 상태가 일방적으로 중요한 것은 아니라는 뜻이다. 향유는 염려를 분산시키는 데 도움이 된다. 하지만 염려를 완전히 해소하는 것이 중요한 것이 아니라, 오히려 염려가 새로운 방식으로 가능하게 하는 것이 중요하다.

즉 염려와 쾌락은 서로 배타적인 것이 아니다. 염려 자체는 쾌락의 완전한 향유를 추구한다. 그리하여 미식가처럼 삶의 충만을 만끽하고자 한다. 이탈리아 남부의 고대 그리스 도시 시바리스Sybaris 주민들의 표현을 빌려 한때 인구에 회자되었던 것처럼 "대지의 아름다운 얼굴에 입 맞추기" 위해 말이다. 아니면 초라하기 이를 데 없는 일에서조차 가장 큰 향락을 이끌어냈던 에피쿠로스 학파의 철학자처럼 삶을 향유하기 위해서이기도 하다. 염려의 일시적 지양을 넘어 성찰적 삶의 기술에서 쾌락을 활용할 때는 새로운 방향 설정을 위한 전제로서 자기지양이 문제가 된다. 즉 염려는 자기가 자신의 일관성을 버리고 유희하듯 새롭게 자신을 구성하는 자기망각을 배려한다. 따라서 쾌락을 기르는 것은 영리한 일이다. 왜냐하면 쾌락은 자신을 넘어서도록 촉진하고, 일관성을 강화하는 것이 아니라, 그것을 뒤집어 해체하고 새롭게 조립하기 때문이다. 자기의 지나치게 경직된 형식들을 다시금 유동하게 하고 파괴하는 것이 중요하다면 쾌락의 경험에 기대면 된다. 쾌락의 향유는 닫혀 있는 자기를 열고, 레비나스 Emmanuel Lévinas, 1906~1995가 언급한 적이 있는 "자기 특유의 진동"을 도모한다. 거기에 들어 있는 타자를 향한 억제할 수 없는 동경은 그 가장 중요한 근거이다. 자기는 타자가 체현하고 있으며 그로 인해 그 타자가 감동적일 정도로 아름답고 긍정적인 가치를 지닌 것처럼 보이게 하는 쾌락을 동경한다. 그 타자 안에서 자기는 해체되고 새롭게 형성되며, 그런 방식을 통해 무한히 풍요로워진다. 그러나 그때마다 타자와의 공존이 더 이상 향락을 약속하지 않고, 그렇게 되자마자 불행하게도 동일한 동경이 개인들을 다시금 분리한다.

쾌락의 의식적 활용은 그 쾌락들을 다양화하고 강화하는 한편, 일정한 한계 안에 억제해 한꺼번에 소진시키지 않는 데 그 요점을 두고 있다. 쾌락의 의도적 한계 설정이 그 향유에 대한 동경을 사그라지게 하지는 않는다. 왜냐하면 동경은 자유자재로 활용할 수 없는 재화이기 때문이다. 제약은 자기강화를 뜻하는 하나의 기호이다. 경계를 고수하거나 그것을 융통성 있게 형성하거나 다르게 조종하는 것은 자기에 달려 있다. 한계 없는 자유만이 자기강화의 힘을 모르고, 자신을 알아차리지 못한다. 자기강화의 힘은 '한계 위반'의 순간에 감지된다. 자기강화의 힘을 지닌 자기는 쾌락의 활기를 해치지 않으며, 쾌락이 갑작스럽게 방향전환을 할 때도 그것에 종속되지 않으려 유의한다. "모든 향락을 탐닉하고 아무것도 사양하지 않는 자는 줏대 없는 자이며, 오만한 속물처럼 모든 향락을 거부하는 자는 아둔한 자이다"라는 아리스토텔레스Aristoteles, BC 384~322의 말을 전적으로 명심하려는 것이다. 그러나 발견할 가치가 있는 올바른 중간이라는 정도正道는 처음부터 정해져 있지 않으며, 산술적 중간에 위치해 있는 것도 아니다. 오히려 경우에 따라서 자기를 과잉 쪽으로, 그리고 다시 과소 쪽으로 기울게 하는 독특한 불안정을 특징으로 지닌다.

과잉의 경험에 특별한 가치를 두는 활용 원칙은 몽테뉴로 거슬러 올라간다. 그는 외설의 활용을 변호하고, 이로써 다시금 적절한 한계 설정에 경계를 정한다. 그는 '몸의 문화'의 한 구성요소인 쾌락을 더 강력하게 표현해줄 언어가 빈약하고 어휘가 인용 불가능하다는 사실을 유감스럽게 생각한다. 그는 두려워하면서 과잉과 무절제를 경계하지 말라고 충고한다. 무엇보다 젊은 사람은 심지어 자주 무절제에 몰두해 익숙해져야 한다는 것이다. "그러지 않으면 매우 사소한 유혹에도 망가져버린다"고 그는 말한다. 무절제는 이 외에도 지나치게 경직된 습관들을 떨쳐버리게 해준다. 그래서 몽테뉴는 쾌락이 자기에게 작용하도록 의식적으로 허락하고 그 쾌락을 통한 '주관화'에 의도적으로 복종하는 형식에 공간을 부여하기로 결정한다. 그렇게 해서 쾌락의 향유가 삶에 부여하는 자극으로부터 생겨나는 '경쾌함'에 도달하는 것이다. "향락은 우리가 이익을 끌어낼 수 있는 가장 중요한 것들 중 하나이다." 왜냐하면 향락이 실존의 동인動因과 그 강도를 마련해주기 때문이다. 쾌락을 바르게 계량하기 위해, 그것을 추구하거나 피하지 않고 '수용하기' 위해, 몽테뉴는 영리함을 신뢰한다. 절제가 쾌락을 상승시키는 데 도움을 주기까지 한다. 그에게서 '쾌락의 활용'이라는 공식이 나온다. 사랑과 관련해 그는 접근과 거리두기로 서로 유희하는 연인들의 계산을 변호한다. 그가 볼 때 건강을 위협하는 사랑에 심하게 탐닉하지 않는, 임재와 부재 사이의 사랑의 기술을 변호하는 것이다.

성찰적 삶의 기술에서 쾌락 활용의 미학이 문제 될 경우, 우리는 아리스토텔레스와 몽테뉴를 연관시켜서 보게 된다. 단순히 쾌락에 자신을 맡겨버리지 않고 자기강화의 힘에 의지하며, 1)어떤 쾌락을 2)언제 3)얼마나 오래 4)누구와 더불어 5)어떤 상황에서 6)어느 정도로 7)어느 지점까지 활용할 것인가를 스스로 판단하는 까다로운 태도에 의지하면서 쾌락을 산출하고, 그것을 향유하기 위해 동원할 수 있는 테크닉을 다루는 능력과 결부해 쾌락 활용의 미학이 문제 된다면 말이다. 다만 '자기강화의 힘을 잃는 것'은 쾌락과의 소통에서 기술로서 가치를 지닐 수 없다. 이러한 자유의 형태는 자기에게 특별한 요구를 하지 않는다. 어쨌든 쾌락의 활용은 형상화하는 삶의 실행과 침착한 삶의 실행의 한 요소가 될 수 있다. 쾌락의 도움을 받아 삶에 가장 아름답게 느껴지는 형태를 부여하기 위한 삶의 실행요소, 삶의 실행에 애쓴 나머지 기진맥진하는 것이 아니라 계산된 방식으로 쾌락에 이끌리는 침착한 삶의 실행요소가 될 수 있다는 말이다. 덧붙여 쾌락의 활용은 쾌락을 공동으로 향유하는 타자들에게 목적을 위한 수단뿐 아니라 목적 자체를 바라보라고 요구한다.

이것은 자기가 타자에게 자기 자신을 위해 대가로 요구하는 것이기도 하다. 이런 관점에서 볼 때 20세기 문명에서 오로지 '욕망'만이 주목의 대상이 되고, 그로 인해 욕망이 형이상학적으로 지나치게 높이 끌어올려진 것은 불행한 일이다. 결과적으로 쾌락과의 소통 기술과 그것의 활용을 위한 영리함이 더 이상 노력을 기울일 가치가 없는 대상으로 보이고 문제로 인지되지 못할지도 모른다. 이것이 바로 푸코Michel Foucault, 1926~1984의 쾌락과 그 활용에 대한 주장—욕망의 이동에 대한 적대적 입장에서의—의 근거였다.

상대와 밀접한 관계를 맺고 그 바탕 위에서 쾌락이 펼쳐지도록 하는 것이 쾌락 활용의 특성이다. 쾌락 '그 자체'가 무엇인가 하는 것은 단정적으로 말할 수 없다. 왜냐하면 쾌락은 자연 그대로의 신뢰할 수 있는 상태 가운데 존재하지 않으며, 소비의 모델, 즉 쾌락의 단순한 소비 반대편에 있는 그 이용 가운데만 존재하기 때문이다. 유독 20세기의 섹스-주체만이 한결같이 객관적으로 존재했으며 따라서 일종의 대상처럼 다루어진 쾌락 그 자체를 추구했다. 섹스-주체는 여전히 성적 쾌락, 즉 '섹스'로 단순화되는 쾌락의 부주의한 소모와 낭비 형식을 통한 소비를 특징으로 지닌다. 이때 몸은 자신의 몸과 타자의 몸을 불문하고 지옥 같은 불꽃이 타오르는 쾌락의 대상으로만 등장한다. 육체에 대한 열광은 아마도 섹스가 지배하기 시작한 현대문명에서 인간의 서구적-기독교적 탈육신에 대한 반작용인지도 모른다. 과거 오랫동안 영혼과 정신에만 가치가 주어졌고, 세속적인 육체는 성가시게 여겨지고 경시된 채 뒤로 처져 있었다. 그리하여 순수한 사유에 대한 데카르트적 신격화와 함께 육체는 확장된 물질 속 티끌에 지나지 않게 되었다. 섹스를 징후로 하는 신경질적 육체 숭배의 대두를 이에 대한 답변으로 설명할 수 있을 것이다. 또한 우리는 그 안에서 다른 수단을 통해 쾌락을 소멸하려는 기독교적 성전聖戰의 무의식적 연장을 볼 수 있다.

섹스의 우세 앞에서, 성性이 가져다주는 고립된 쾌락과는 다른 한층 더 다양한 쾌락들이 존재한다는 사실은 망각되었다. 감각의 쾌락, 다시 말해 시각, 청각, 후각, 미각, 촉각의 쾌락 같은 내면적이고 은밀한 향유를 허락하는 쾌락도 존재한다는 뜻이다. 나아가 사유와 성찰의 쾌락도 있다. 이 쾌락은 추상과 거리를 두고 일어나는 쾌락이다. 꿈과 환상의 쾌락 안에서 자기는 계산과는 거리가 멀다. 살아온 삶을 반추하게 하는 회상의 쾌락, 고독과 사교 사이의 폭을 경험하게 해주는 독서와 대화의 쾌락, 육체와 영혼과 정신을 동시에 진동시키는 변주 가운데 존재하는 웃음의 쾌락, 여유와 마음의 평정에 기인하는 단순하고 간결한 존재의 쾌락, 타자들과의 다양한 만남에서 오는 유랑하는 존재의 쾌락 등도 있다. 쾌락의 충만, 쾌락의 형성과 쾌락을 능숙하게 다루는 능력은 에로티시즘의 기술과 맞물린다. 에로티시즘 안에서 성의 쾌락은 여러 쾌락들 중 하나일 뿐이며 다른 쾌락들과의 상호작용 가운데 그 의미를 찾게 된다. 쾌락의 활용도 에로티시즘 안에 깃들어야 참된 향유를 낳는다는 뜻이다. 에로티시즘의 공간은 내면적 쾌락을 불러일으키고, 그 쾌락을 자의적 분산으로 사라져버리게 하지 않는 은밀함을 요구한다. 쾌락의 영리한 활용은 여기서 육체의 단순한 소비에 승리를 거둔다. 모든 것이 에로티시즘을 통해 의미를 획득한다. 에로티시즘은 포괄적 재화이며, 더 이상 아무것도 의미가 없을 때도 삶의 구원을 뜻하는 매력의 근원이다.

쾌락의 연출 그리고 쾌락을 둘러싸고 설정되는 의식儀式들이 에로티시즘 기술의 구성요소이다. 쾌락이 예감될 뿐인 장식, 베일, 변장, 쾌락에 대해 거의 말하지 않는, 아니, 정확히 말하면 그것들에 대해 의미심장하게 침묵하는 수사학, 주체를 서서히 쾌락 안으로 빠져들게 하면서 갑작스러운 폭발을 통해 그것을 연소시키지는 않는, 시간 속에서의 활용의 계산된 지연, 마지막으로 쾌락과의 소통이 그 쾌락의 향유를 강화하기 위해 금욕을 돕는다는 사실에 대한 앎이 그 구성요소들이다. 연출된 주변환경 안에서 충만한 삶을 살기 위해 주체가 필요로 하는 육신의 춤이 전개된다. 그리고 에로티시즘의 기술은 자기에게 '나중에' 부끄러워하며 꺼버리지 않고 육신의 기억을 강화할 기회를 준다. (타자와 함께 생각하는) 정신, (타자와 함께 느끼는) 영혼, (타자를 감지하는) 육체를 포괄하는 에로틱한 만남이 이상적이다. 이런 만남에서는 자기의 염려가 전적으로 자기의 쾌락에만 미치는 것이 아니라, 타자의 쾌락에도 미친다. 이런 만남은 영원한 하나 됨의 꿈을 충족시키지 못하며, 오히려 하나 됨과 헤어짐, 이해와 오해의 리듬의 지배를 받는 온전한 의식 속에서 끝까지 즐길 수 있는 만남이다. 이 만남 자체가 '아름다운 관계'를 통해 긍정할 만한 것으로 체험될 수 있다. 그러나 에로티시즘의 지식은 일종의 경험적 지식이다. 이 지식은 무엇이 사랑인지 그리고 무엇이 쾌락의 테크닉에 관련되는지를 굳이 말하지 않고도 상상력이 풍부한 문화들에 전달해준다. 자기자신에 대한 탐구, 압도적 발견, 실패와 새로운 시도가 중요하다. 순수한 이론은 여기에 도움이 되지 않는다.

20세기 말의 쾌락 활용은 역사적 전개 속에서 새롭게 문제가 되고, 부수적으로는 에로티시즘의 새로운 기술 탄생을 유리하게 해주는 결과를 가져왔다. 적어도 에이즈 시대에 쾌락의 경험은 그대로 남아 있지 못했다. 20세기 전반의 수십 년이 '성적 해방'으로 대표되었다면, 즉 아무 염려 없는 성적 쾌락의 경험이 이어졌다면, 20세기 후반이 되자 에이즈라는 질병의 확산과 함께 염려가 되돌아온 것이다. 이제 염려 없이 쾌락을 향유하는 것은 벌써 오래전에 흘러간 믿음의 시간에서처럼, 아무 예감 없이 자신의 생명과 상대방의 생명을 거는 행위를 의미하게 되었다. 맨 처음 이런 사태를 자신의 당황스러움을 근거로 해서 주제로 삼은 사람은 푸코였다. 그는 현대와 '다른' 현대의 상응성을 발견하게 해주는 것으로 생각되는 고대의 논쟁을 재발견했다. 자기는 어떤 타자의 육체를 이용할 어떤 권리를 어떤 조건 아래에서 가질 수 있는가? 자기는 타자에게 어떤 태도를 취하고, 얼마만큼의 거리를 취하고, 어떤 계산을 할 수 있는가? 이제 자기 자신의 육체와 타자의 육체는 원천지나 욕망의 대상일 뿐만 아니라 불안의 대상이다. 주체가 취한 영리한 선택에 의거해 쾌락의 활용은 성찰적 삶의 기술의 근본적 구성요소가 된다.

이렇듯 욕망의 직접성이 성찰에 의해 깨지면, 근본적으로 성찰적 기술인 에로티시즘이 새롭게 둥지를 틀 수 있는 여지가 생긴다. 성찰은 지연을 끌어들인다. 지연은 행동의 경솔한 실행을 극복하고 직접 성에 결부되는 쾌락과는 다른 쾌락도 시야에 들어오도록 허락하는 성찰적 요소를 통해 욕망을 다양화한다. 은밀함이 부수적이고 의미

없는 만남의 동반 현상에 지나지 않는 대신 신뢰의 내적 관계로 다시금 편입된다. 열정적 탐닉은 더 이상 우연한 감정의 격화가 아니며, 새로운 금욕의 시대가 시작되고 있다. 자유의사로 절제를 선택했다는 의미에서만이 아니라 자의적 관계의 총체적 가능성들을 실현하기를 포기했다는 의미에서, 그 가능성들을 실현하는 대신 자기가 감당할 수 있는 매우 헌신적인 주목이 주어지는 개별적 관계들을 선택했다는 의미에서 새로운 금욕의 시대가 열린 것이다.

에로티시즘의 회복과 함께 잠재력 있는(가상의) 쾌락들이 쾌락의 활용에 포함된다. 이때 '가상 육체'라는 환상적인 유사類似 관능은 의심의 여지없이 탈육체의 최고 형식을 뜻한다. 이 탈육체의 최고 형식은 새로운 하나의 육체만을 자기 쪽으로 끌어당길 수 있다. 이로써 육체의 역사에서 새로운 시대의 도래와 더불어 자주 그래왔듯이, 더 이상 거부되거나 소환된 육체가 아니라, 다양해지고 달라진 육체가 탄생하는 것이다. 지성과 관능은 그 달라진 육체 안에서 새로운 방식을 통해 모호한 육신으로 융합된다. 그리고 그것이 잠재화될 때 비로소 육신은 고유한 지성, 풍부하고 복합적인 인지 능력, 경험을 행할 수 있는 능력과 더불어 새롭게 발견된다. 동시에 가상공간에서 어떤 관능을 포기해야 하는지, 그것이 삶의 충만함을 향유하는 데 본질적인 것으로 증명되는지를 경험할 수 있다. 잠재력이 쾌락만 추구하고 모든 고통을 피하려는 새롭게 등장한 시도인 한, 이런 시도 역시 순수한 쾌락은 소유할 수 있는 것이 아니라는 사실, 순수한 쾌락만 삶의 충만함을 대변하는 것은 아니라는 사실을 일깨울 수 있어야 할 것이다. 삶은 쾌락과 고통 사이에 걸쳐 있기 때문이다.

6.
고통의 의미에 대하여

삶의 충만은 쾌락과 고통의 모순을 포함한다. 삶에는 쾌락만 존재하는 것이 아니다. 삶을 안락함의 연속으로 생각할 수는 없는 일이다. 고통의 일시적 자극이 없다면, 삶에는 쾌락은커녕 활기조차 없을 것임은 당연한 이치다. 이런 사정을 전제했을 때, 육체적·영적 고통, 즉 고뇌 일반이 서구 문명에서 받아들여지지 않게 된 것은 무엇을 의미하는가? 이것은 보편적 행복의 실현이라는 근대적 꿈의 특성을 보여준다. 세상에서 고통을 제거하는 것, 개인에게 가해지지만 받아들일 수 없는 고통뿐 아니라 고통 일반을 제거하려는 근대의 꿈 말이다. 한편으로는 고통을 고상하게 꾸미고('수난의 그리스도'), 다른 한편으로는 고통을 극복하고, 고통이 없는 피안의 세계에서 끝내 그것을 파기하는 기독교의 이중적 갈망이 수정되고 세속화한 전화轉化를 그 꿈에서 볼 수 있다. 다른 문화에서는 고통에 대한 다른 태도들이 발견된다. 그 태도들도 나름대로 문제 될 가능성이 있다. 예컨대 원인이 모호할 경우 고통과 고뇌를 구분 없이 수용하는 것이 그렇다. 이런 시각에서 고통과 고뇌는 의문의 여지없이 받아들여야만 하는 운명으로 변한다.

고통에는 다양한 특성이 있다. 그리고 그 다양성은 개별적 경험의 형태에 따라 더 늘어난다. 신체적 고통을 예로 들더라도, 일시적으로 나타나는 급성 통증은 오랫동안 계속되는 만성 통증과는 구분된다. 무엇에 찔린듯한 강도로 나타났다가 빠르게 사라지는 표피의 통증은 근육, 뼈, 관절의 심층적 고통과 구분되고, 주변에 매우 강력하게 전파되고 그래서 그 위치를 정확하게 짚어낼 수 없는 내장의 통증과도 구분된다. 신체적 고통이 막연하게 규명될 때가 많다면, 정신적 고통 역시 무엇보다 그러하다. 정신적 고통을 추적하려면 특별한 해석이 필요한데, 그 해석은 쉽지 않다. 고통을 심신상관적心身相關的으로 이해하려면 신체적 고통과 정신적 고뇌 간의 공공연하고 강력한 상호작용을 고려해야 한다.

고통은 다른 것을 더 이상 감지할 수 없을 정도로 자기를 사로잡을 수 있다. 고통은 귀를 마비시킬 만큼 소리 내어 외쳐 모든 주의를 자신에게 집중하도록 강요한다. '고통의 우주'라는 표현을 쓸 수 있을지도 모른다. 이렇듯 고통의 경험은 폭넓고 압도적이다. 우주 전체가 고통으로 가득하고 다른 것은 아무것도 없는 것처럼 여겨진다. 오로지 나의 고통만이 확실하고, 그것을 통해 다른 어떤 것도 인식할 수가 없다. 오로지 고통받는 육신만 존재할 뿐이며, 영혼은 절망적인 외침일 뿐이다. 고통은 자기가 감당해야 할 가장 고유한 것으로 보인다. 그 고통은 그의 고통이며 그의 소유물이기 때문이다. 아무도 갖고 싶어 하지 않는 소유물, 어떤 질투도 불러일으키지 않는 유일한 소유물이기 때문이다. 고통은 쾌락과 마찬가지로 엄청난 강도로 상승할 수 있다. 그러나 쾌락과 달리 고통은 극도로 견디기 어려워질 수 있고, 실존의 가장 고유한 핵심, 실존이 소멸의 위험에 이르게 되는 바로 그곳을 찌른다. 그리하여 고통은 자신과의 내밀한 관계를 자기에게 마련해준다. 고통의 경험은 자기에게 명백하지만, 그 경험을 알리는 것은 어렵다. 고통은 형언할 수 없을 만큼 엄청난 고독으로 자기를 내동댕이친다. 자기는 오로지 고통과 함께 그 고독 안에 있을 뿐이다. 다른 사람과 쾌락을 나누는 것은 쉽지만, 고통을 나누는 것은 불가능하기 때문이다. 자신의 고통은 가깝지만, 온갖 동정심을 동원할지라도 타자의 고통은 변함없이 낯선 것이다.

고통이라는 소유물에서 초래되는 것은 자기강화 같은 것이 아니라, 오히려 자기강화의 패배이다. 이 패배는 자기염려를 향한 새로운 동기를 유발하고 타자들도 그런 염려에 연관시킨다는 데서 의미를 찾을 수 있다. 이것은 이중적 의미에서 염려이다. 첫째, 이 패배 때문에 자기 자신 또는 자신이 밀접한 관계를 맺고 있는 무엇 또는 누구를 잃지 않을까 걱정하는 두려운 염려, 둘째, 그것의 도움을 받아 밀접한 관계를 향해 더 신중하게, 그리고 조심스럽게 앞을 내다보며 행동하게 되는 영리한 염려가 그것이다. 고통은 다시 시작하는 염려를 불가피하게 만든다. 고통은 수그러들지 않는다. 또한 자신의 염려가 실존적으로 매우 필요하다는 사실을 속여 알지 못하게 만들 수 있는 어떤 익숙함도 용납하지 않는다. 육체적 고통과 정신적 고통, 급성 통증과 만성 통증을 구분하는 것은 여기서 중요하지 않다. 적어도 자기의 일부분이 위험에 처해 있다는 사실, 이것이 본질적이다. 염려는 육체와 영혼에 돌아갈 관심을 마침내 그것들에 부여한다. 왜냐하면 육체와 영혼은 쾌락에서와 마찬가지로 고통에서도 승리를 거두는 매체이기 때문이다. 이제 자기는 새삼 느껴지는 삶의 실존적 경험과 다른 삶을 향한 출발조차 삶의 가장 강렬한 형식인 고통 덕분으로 여기게 된다. 생리학적 고통의 연구에서 이것은 '넓게 흩어져 있는 분포의 이례적으로 강력한 활성화'로 대두된다. 이 현상은 단순한 '고통의 완화', 예컨대 모든 의약품 가운데 가장 많이 팔리는 진통제를 통한 완화로 대응해서는 안 될 성질의 것이다. 견딜 수 없는 고통에는 마취가 불가피하다 할지라도, 원칙에 따른 습관적 고통을 차단하는 것은 염려의 촉발로 이어지고, 그것을 도외시하면 마지막에는 더 큰 고통이 초래된다. 왜냐하면 자기가 문제 삼고 있는 실존의 심연은 아무 성과도 없이 무시되는 것을 용납하지 않기 때문이다. 또한 자기의 연약함은 무엇으로도 지워지지 않고 변함없이 존재한다.

성찰적 삶의 기술에서 자기와 고통의 연관이 지니는 전체적 의미를 조망하기 위해 고통의 '고유한' 의의와 형이상학적 본질을 물을 필요는 없다. 모든 고통을 제거하려는 시도는 자기 자신과의 관계 결핍을 의미한다. 왜냐하면 고통이 가장 고유한 것이라면, 그런 제거는 자기와의 단절에 견줄 만한 일이기 때문이다. 고통을 제거하는 것은 자신을 느끼고 자신의 가장 내면적인 것을 감지하는 능력을 자기에게서 빼앗아버리는 일이기도 하다. 고통이 주의를 환기할 때 문제가 되는 것은 자기의 일관성이다. 고통은 이 일관성의 손상을 예고한다. 그것이 신체적 특성의 손상이든, 정신적 특성의 손상이든, 또는 상상을 통한 그 어떤 특성의 손상이든 말이다. 더 이상 없는 신체부위에서 느끼는 수수께끼 같은 '환각지통幻覺肢痛'조차 이렇게 설명할 수 있다. 자기가 '함께 자라 하나가 된' 아끼는 사물을 상실했을 때, 또는 함께 살았던 생명체를 상실했을 때, 그러나 무엇보다 자기 자신의 일부였던 사람을 상실했을 때 오는 고통이 그렇다. 사랑받았던 상대의 부재는 자기의 내면에 상처를 내고, 그 상처는 끊임없이 아픔을

준다. 더 이상 낫지 않는, 없어지지는 않고 그저 받아들일 수밖에 없는 살이 베이는 아픔. 치유되지 않는, 그리고 그 치유가 자기에게는 관심의 대상도 아닌 상처가 있다. 이때 요구되는 자기 일관성의 새로운 구성은 더 이상 이전의 훼손되지 않은 상태로의 복원을 필요로 하지 않고, 상처의 자기 내면으로의 편입을 필요로 한다. 이제는 상처 자체가 일관성에 속하는 것이다.

개인이 고통을 견디는 데는 한계가 있다는 사실에는 의문의 여지가 없다. 그러나 모든 고통이 기피할 대상이 되거나, 작은 신체적 고통마저 모두 마취로 완화해야 하거나, 정신적 고뇌를 그 시초에서부터 진압해야 하는 것은 아니다. 의학과 통증치료학은 고통에 대응할 다양한 가능성을 지니고 있다. 고통에 대응하는 이 가능성들은 고통에 맞서 싸우고, 경우에 따라서는 고통이 제거될 수도 있는 개입의 모든 지침을 굳이 따르지 않아도 된다. 의학과 통증치료학은 오히려, 여전히 가능할 경우에 그렇지만, 일체화라는 선택적 개념을 따를 수 있다. 이 개념에 따르면 고통도 쾌락과 마찬가지로 삶에 받아들여질 수 있고, 자기의 일관성으로 편입될 수 있다. 일체화의 가능성은 무엇보다 고통이 심화되는 순간 자기가 필요로 하는 표현의 기술적 형식을 훈련시킨다. 자기는 물에 빠진 사람이 밀려오는 홍수로부터 자신을 구할 수 있다는 듯 지푸라기를 잡으려고 하는 것처럼 그런 기술적 형식을 붙드는 것이다. 이것은 부담을 덜기 위해 일정한 수위를 정해놓은 수문을 개방하는 것과 같다. 이런 경험은 갑작스럽게 나타나기 때문에, 개인에게는 표현 가능한 형식들을 잠시나마 성찰해볼 시간이 남아 있지 않다. 그리하여 개인은 고통을 느끼게 되고, 고통을 표현하기 위해 이용할 만한 기술로, 연습한 표정과 몸짓으로 무의식적으로 되돌아가게 되는 것이다. 이렇듯 고통의 체험은 거칠어 보이지만, 그 고통을 체험하는 방식과 방법은 대단하다. 그 고통을 표현하는 방법은 이미 준비되었고, 그것을 받아들이는 원천인 그때그때의 문화에 기대어 자기화되고 독자적으로 단련된 형식들에 의해 뚜렷한 형태를 갖춘다. 이것이 삶과 자기에게 어떤 의미를 가지는가 하는 것은 어린 아이들이 고통을 표현하는 가능성들을 시험해보고, 직접적 계기가 없는데도 매번 그 가능성을 활용하려고 일찍부터 스스로 연습하는 데서 찾아볼 수 있다.

고통의 의미와 의의를 해석하고 이해하려 하는 고통의 해석학이 일체화의 또 다른 가능성을 보여준다. 이때 해석 활동은 결과보다 더 결정적이다. 왜냐하면 그 활동 안에서 무관심이 끝나고 우려가 시작되었음이 표현되고, 자기가 다시금 자신에 동화되는 것을 염려하기 때문이다. 의미(연관들)에 대한 질문과 의의(고통의 중요성)에 대한 질문은 스스로에 대한 염려의 한 요소이다. 그러므로 해석 작업은 생리학자나 심리학자에게만 맡겨질 것이 아니다. 그럴 경우 고통이 인과율적으로 분석해야 하는 객관적 사건으로 변하는 위험에 놓이고, 그것을 주관적으로 느끼고 가장 고유한 것으로 여기는 개인과는 분리되어 버리기 때문이다. 학술적 객관화가 이런 해석학에 외부의 포기할 수 없는 시선을 보낼 수 있다. 하지만 고통과 관련한 주관적 관계의 특성을 학술적 지식의 보편성 안에서 지양하는 데까지 이어져서는 안 된다. 고통의 경험을 의사나 치료 전문가의 권위에 전부 위임하면 염려의 단절이 초래될 수 있으며, 그럼으로써 고통의 주관적 의미와 실존적 의의가 말살될 수 있다. 신경다발을 통해 발사되는 전기적 충격으로서의 실존만을 고통에 허용하는 '의미 제거'는 고통의 역사 중 현대적 확신, 즉 고통은 '단순히 그리고 전적으로 의학적인 문제를 나타낼 뿐'이라는 확신과 함께 나타난 것으로 보인다.

그러나 고통이 자기의 가장 고유한 것이라는 말은 고통의 원천이 개인적 특성을 지닌다는 것을 의미하지는 않는다. 고통의 해석학은 오히려 고통의 사회적, 정치적 측면을 밝힐 수 있다. 고통의 해석학은 외부로부터 육체와 영혼에 영향을 미치고 자기를 해치는 힘을 찾아낼 수 있는 것이다. 외적 공격과 자기의 손상 사이의 연관을 숨기지 않는 잔인한 개방을 통해서든, 파악할 수 없는 비열한 음모를 통해서든 말이다. 이렇게 말할 수도 있겠는데, 고통의 정치학은 의도적으로 고통을 가하거나 조심성 없이 고통을 야기함으로써 자신을 드러내는 지배적 힘의 이런 측면(타율적 측면)을 알고 있다. 또한 이 정치학은 개인들의 측면(자율적 측면)도 알고 있다. 개인들의 측면을 통해 고통의 경험은 주어진 상황을 더 이상 받아들이지 않고 방어하는 동기를 얻는 것이다. 이것은 '큰 정치'의 문제에만 해당하는 것이 아니라, 사회의 모든 차원과 모든 영역에 걸친 개인들의 관계라는 '극히 작은 정치'에 더 잘 해당한다. 또한 고통의 부가에 대항해 자신을 지키고, 손상을 가하는 타자의 행동방식을 받아들이지 않으며, 상호 교류의 임의성이 무한히 커지지 않도록 하는 것이 중요할 수 있다. 물론 자율적 답변도 고통스럽지만 다른 사람들을 위해 생략될 수 있다. 그러면 서로에게 아픔을 주고, 그때마다 타자로 하여금 고통을 느끼게 하는 유희로부터 벗어날 수 없을 것처럼 보이기 때문이다. 이런 힘의 유희를 서로 포기하지 않는 한, 자신의 힘을 확실히 하기 위해 말이다.

더 이상 받아들일 수 없는 고통, 참아낼 수 없는 고통의 한계를 정확히 어디에 그을 수 있는가 하는 점은 무척이나 불확실하다. 언제 그것이 '충분'한가? 보편적 그리고 개별적인 경우에, 이것을 개인적으로나 사회적으로 새롭게 결정하는 것은 해석학의 또 다른 과제이다. 고통의 한계는 한 번만으로는 모든 관점에서 그리고 모든 연관에 대해 명백하게 고정되지 않는다. 그것은 오히려 유동적이다. 상황의 특수성에 따라, 관련된 사람들의 감수성에 따라, 그들의 사고와 체험에 따라 그리고 부담을 견뎌내거나 그러지 못할 사람들의 준비태세에 따라 유동하는 것이다.

고통을 책임질 '원인자'는 없는데 손상은 있을 때, 고통의 한계는 문제 가운데에 서게 된다. 이것은 예컨대 어떤 개인이 그 침해를 자신의 육체에서 감지하고 자신의 내면에서 고통스럽게 참고 견뎌야만 하는 생태학적 연관의 경우와 같다. 고통을 부정하는 세계에서 고통의 경험을 다루는 개인들은 그 구성요소가 될 수도 있는 해석학의 이런 작업에 친숙하지 않다. 에드워드 호퍼의 〈철학으로의 소풍〉의 침묵 속에서 일어나고 있는 일은 사적 관계의 영역에서 이런 사실을 명백하게 보여준다. 두 명의 개별자는 각자 자신의 고통에 골몰한다. 어쩌면 어느 한편이 상대에게 부당하게 안겨준 고통에, 그리고 서로를 이어줄 다리를 파괴하는 데 이르게 한 고통에 말이다. 이와 함께 고통은 각자의 가장 고유한 것이기 때문에, 공동으로 경험하는 그 고통이 그때마다 고유한 것과의 만남을 강제하고 친밀함의 최고 형식을 구현할 수도 있을 것이다.

근본적으로 고통은 두 가지 방식으로 작용할 수 있다. 파괴적으로 그리고 생산적으로 작용할 수 있는 것이다. 이 두 작용방식은 결코 분리될 수 없다. 파괴적이라고 말할 수 있는 것은 고통을 겪는 사람의 머릿속에서 세계가 자취를 감추기 때문이다. 고통에 완전히 점령된 탓에 외부 세계는 무의미로 가라앉아 그에게 무無가 되고 만다. 생산적이라고 말할 수 있는 것은 고통받는 사람의 표상 가운데 내면 세계가 전적으로 새롭게 생성될 수 있기 때문이다. 넘치는 상상력이 그저 세계를 새롭게 생각할 뿐만 아니라, 세계를 그와 같은 정도의 예술작품으로 새롭게 생산해내는 것이다. 몇몇 예술 및 문화 이론가들은 충분한 근거를 갖고 개별적 예술작품의 생성은 물론 문화의 생성 자체를 고통의 체험 덕으로 돌리고 있다. 사정이 그렇다면, 고통의 지양이나 제거는 중요하지 않을 수 있으며, 특히 예술작품과 문화 관련 작업이 덕을 보고 있는 자극이 삶이라는 예술작품과 삶의 기술에도 유익하다고 할 만하다. 영리함을 향하는 성찰적 삶의 기술의 도정에서 고통을 느끼는 기술을 포기할 수는 없다. 왜냐하면 뼈저린 경험은 다른 경험들에 비해 더 깊숙한 곳에 이르기 때문이다. 이런 경험은 자기 및 타자가 처한 위협적 상황에 대한 통찰을 다른 경험들보다 더 잘 촉진하는 것이다. 자기가 자신을 압박하는 어떤 것을 스스로 체험할 때, 다른 사람이 그런 체험을 할 경우 어떤 기분을 느낄지 더 잘 이해하게 된다.

쾌락의 활용으로 미루어볼 때, 성찰적 삶의 기술에서 고통을 다루는 기술은 일련의 요령들을 포함하고 있다. 단순히 고통을 받아들이고 통합하고 견뎌내고 표현할 뿐만 아니라, 고통을 금욕적으로 제지하고, 결국 고통을 물리치고, 한때 고통의 경험에서 삶의 환희마저 이끌어냈던 에피쿠로스Epicouros, BC 341~270가 예를 제시했듯이, 고통을 평정과 쾌활함으로 승화시키는 요령 말이다. 쾌락과 달리 고통은 일반적으로 선택의 영역에 해당하지 않을지라도, 자기가 그것을 다루는 방법이라는 견지에서 선택의 여지를 갖고 있으며, 그런 측면에서 자기강화를 되찾게 된다. 고통의 기술적 표현조차 근본적으로는 선택의 문제이다. 자기를 막연하게 사로잡고 있는 고통을 어떻게 느끼고 표현하고 명명할 수 있는지를 암시하는 문화적 제안들을 활용할 수 있다는 사실이 어디에도 확정되어 있지 않기 때문이다. 자기는 침묵을 선택할 수도 있다. 그러면 자신의 고통을 홀로 안고 그 고통을 마음대로 발산할 수 없게 된다. 그리고 그것은 소통의 한계를 고수하는 결과로 이어진다. 가장 깊은 내면에서 일어나는 일은 말로 다

할 수 없거나, 가장 깊은 내면을 희생시키지 않는 것이 품위를 지키는 일이기 때문에, 또는 그 고통에 참여하도록 누구에게나 자의로 용납하고 싶지 않기 때문에 그런 소통의 한계가 그어지는 것이다.

아무도 고통이나 고난 그리고 일반적으로 질병을 찾지 않는다. 그러나 이것들이 완전히 없어지지는 않는다. 그러므로 이것들을 성찰적 삶의 기술에 포함시켜 생각해볼 수 있다. 몽테뉴는 우리는 '겸손하게' 자신의 질병과 소통해야 한다고 말했다. 왜냐하면 질병은 삶의 한 구성요소이고 삶에서 시민권을 갖고 있으므로 존중해서 취급해야 한다는 것이다. 어떨 때는 질병이 약이 되기도 한다. 그러므로 질병을 그저 제압하기만 할 것이 아니라, 가능한 한 질병의 요구에 응하고 따를 필요가 있다. 한마디로 말해 '우리는 질병에 통행을 허락해야만 하는 것이다'. 병이 든다는 것은 삶의 익숙한 운영을 포기해야 한다는 것을 의미한다. 치료가 끝날 때까지 병이 정점에 이른 신체 및 영혼의 부분에 의해 삶이 이끌리는 것을 용납하고, 정 치료가 되지 않을 때는 질병을 삶의 한 부분으로 삼아야 한다. 어떤 질병이 죽음으로 이어질 경우, 사람은 병들어서 죽는 것이 아니라, 살아 있었기 때문에 죽는다는 사실을 똑똑히 깨달아야 한다고 몽테뉴는 경고한다. 이것이 바로 삶이 첫발을 내딛게 되는 조건인 것이다.

질병의 유익함은 특히 자신의 삶을, 그리고 자신의 삶도 마지막 날을 맞게 된다는 사실을 분명히 깨닫게 된다는 점에 존재한다. 삶에 대한 염려를 시작하고 삶을 다른 방식으로 사는 데 이보다 더 강하게 박차를 가하는 것은 없다. 질병은 죽음을 향한 일종의 도움닫기인 것이다. 또한 삶의 본질적 사항들과 관련을 맺기에 이르면, 질병은 삶으로의 귀환이기도 하다. 노발리스Novalis, 1772~1801는 비록 '병을 활용하는 기술'에 이르지는 못했지만 질병에서 '삶의 기술의 수업기'를 보았다. 나아가 우리는 니체에게서 질병의 의미와 질병이 삶에서 가질 수 있는 의의에 대해 많은 것을 배울 수 있다. 인식과 변화의 수단으로서 말이다. 왜냐하면 실존이 무엇인가 하는 것은 이 한계로부터 가장 잘 인식될 수 있고, 필요한 변화에 관해서는 질병이 자기를 이미 살아온 실존으로부터 탈출시킴으로써 가장 먼저 변화의 촉매가 될 수 있기 때문이다. 위대한 건강이라는 니체의 개념은 성찰적 삶의 기술로 수용할 만한 개념이다. '질병 자체를 포기하지 않으려는' 건강을 뜻하고 있기 때문이다. 이제 질병 자체가 건강에 속한다. 그리하여 자기는 병들 수 있음에도 불구하고 건강하며, 그것을 건강의 한 요소로 이해하는 것이다. 질병을 삶 속에 편입하는 것은 질병의 배제 위에 삶의 운영이라는 체계를 세우려고 모색하는 섭생적 또는 학술적 '건강이론'에는 배치된다. 질병을 삶 속에 편입하는 것은 개인의 삶뿐만 아니라, 사회적 감수성을 병든 개인 덕분으로 돌리는 사회에서도 의미를 지닌다. 병에 걸린 사람들은 사회가 접어드는 길을 다른 사람들보다 먼저 감지해내는 것이다. 그러므로 성찰적 삶의 기술을 위해서는 병리학으로부터 완전히 자유로운 것을 무조건 선호할 일은 아니다. 병리학에는 무상함에 대한 고뇌, 언젠가는 삶을 떠날 수밖에 없다는 심오한 고통이 포함된다. 이 고통은 삶의 쾌락에 대해 치러야 하는 대가이다. 고통은 즐거움이 그렇듯이 충만한 삶의 구성요소이다. 그리고 고통은 자기의 일관성 안으로 편입될 수 있다.

7.
죽음을 동반하는 삶에 대하여

우리는 근대가 고통을 추방했을 뿐만 아니라 죽음조차 망각했다는 이야기를, 다시 말해 죽음은 근대적 삶으로부터 제외되었다는 말을 자주 듣는다. 그러나 누가 이런 사태에 책임을 질 수 있는가? 이런 푸념은 누구를 향하는가? 그것은 저절로 일어난 일이다. 우리가 '근대'라고 부르는 것이 몰아세운 다양한 구조들이 시간의 흐름 속에서 죽음을 사라지게 한 것이다. 다시 말해 어느 정도는 불가피하게 그렇게 된 것이다. 시간의 문화는 죽음이 표현하는 칼처럼 날카로운 시간과의 단절과 함께 존재하지 못한다. 왜냐하면 이 단절은 모든 전진적 운동과 변화를 파괴하고,

자기확신적이며, 목표지향적 시간을 근절하기 때문이다. 죽음은 죽는 사람에게는 시간의 종료이다. 그리고 잠시라도 죽음의 증인이 된 사람들에게는 시간의 정지이다. 이 시점부터 그들은 깊은 단절을 증언하며, 죽음 이전과 이후를 구분하면서 단절을 기억시키는 시간의 상흔을 확인하게 된다. 죽음은 시간의 문화라는 지평에서 그럴 만한 권력을 얻기 때문에, 이에 대한 답변은 죽음을 사소한 일로 여기고 무시하는, 다시 말해 죽음을 관리의 대상으로 만들어버리는 시도일 뿐일 수 있다. 시간을 신뢰하는 문화는 다른 어떤 것이 아니라 죽음으로 인해 고뇌하기 시작한다. 죽음을 극복하는 것은 기독교의 한 모티브에 의존해 하나의 진지한 과제가 되었다. 그러나 우리가 유일하게 생각해볼 수 있는 승리는, 즉 소멸하는 시간에 대한 믿음을 중지하는 일은 동시에 이 문화 자체의 죽음일지도 모른다. 시간이 순환적으로 되돌아오는 공간의 문화에서는 죽음이 전혀 다르게 경험된다. 그 문화는 죽음을 삶으로부터 잘라낼 필요가 없다. 왜냐하면 죽음도 삶의 순환의 일부이기 때문이다. 따라서 살아 있는 자들은 죽은 자들과 직접적으로 인접해 살고 있는 셈이다.

'다른' 현대의 시공간 문화에서는 죽음이 새롭게 해석될 수도 있다. 죽음이 본질적으로 무엇인가에 대한 언급을 허락하지 않기 때문이다. 말하자면 죽음은 계속 보충해서 기록할 수 있는 고유한 역사를 가지고 있으며, 단 하나의 정체성은 죽음에게 낯설기 때문이다. 죽음은 자신과 함께한 경험 안에, 그것에 대해 유포된 표상들 안에, 그것에게 주어진 형식들 안에, 그것에 부여된 언어 안에, 그리고 그것이 표현되는 문화 안에 살아 있다. 삶의 형식으로서의 죽음의 역사는 오래전부터 기술되어왔다. 그리고 이 역사는, 에이즈의 결과 새롭게 대두된 죽음과의 대결 이래 점점 더 증가하듯, 죽음이 삶의 일부분으로 다시 받아들여지자마자 그 계속적 진행 방향을 찾고 있다. 이 질병은 아직 삶을 앞에 두고 있는 사람들에게 죽음을 가져다주었고, 삶 한가운데에 있는 많은 사람들을 때 이르게 죽음의 증인으로 만들었기 때문이다. 멀리 있고 잊혔던 죽음이 그렇게 다시금 가깝게 다가왔다. 죽음을 형식적으로 취급하는 데 내재된 지배적 공허함과 의견 부재 가운데 죽음에 어떤 형식을 부여해야 할 새로운 필요성이 일깨워진다. 죽음의 새로운 생명 형식은 의심할 여지없이 개별적으로 형성되며, 죽는 사람들 그리고 그들이 동반하는 사람들에 의해 형성된다. 오래전에 잊힌 죽음의 숭배가 되풀이되는 것은 아니다. 일찍이 죽은 자들의 영혼이 깃들었고 이들의 재탄생을 기다렸던, 그리고 두려움의 의식을 치렀던 묘비가 침묵 가운데 오해를 받으며 이 죽음 숭배를 증언하고 있기는 하지만 말이다. 근대에서 묘비는 시간의 이중적 단면, 즉 탄생과 죽음을 표시하는 이름과 날짜의 영혼 없는 기록판으로 남아 있다. 그렇게 해서 한 개인의 실존이 공공연하게 기록될 수 있었던 것이다.

삶의 기술이라는 관점에서 볼 때, 삶의 한 형식으로서의 죽음만이 관심의 대상인 것은 아니다. 오히려 삶 전체에 비로소 형식과 의미를 부여해주는 한계로서의 죽음이 관심의 대상이다. 삶의 기술의 주체는―이미 서술한 것처럼―이런 한계가 어떤 경우에도, 어떤 형식으로든, 그리고 언제든 그어진다는 사실로부터 삶의 형성에 결정적 자극을 얻는다. 죽음을 동반하는 삶은 이 삶에는 한계가 그어져 있으며 그 한계를 넘어서 언제든 무엇이 존재하게 되리라는 사실, 그리고 죽음은 바로 한계라는 점에서 의미를 지니며 설령 한계가 사라져버린 경우에도 자기 스스로 한계를 그어야만 한다는 사실을 명확히 아는 것을 의미한다. 한계는 삶에, 자기가 살아온 형식과는 관계없이 그 자체가 삶일 수 있도록 허락하는 실존적 형식을 부여한다. 그리고 한계로서의 죽음만이 이런 삶을 자기의 본래적 삶으로 만들어준다. 이런 한계를 스스로 그을 수 있다는 자기의 원칙적 가능성을 근거로 해서, 처음에는 삶이 자기의 간섭 없이 주어지지만 나중에는 자기의 선택의 문제로 변한다. 적극적 선택 또는 거부의 문제, 명시적이거나 함축적인 수동적 선택의 문제로 변하는 것이다. 만일 죽음이 한계 긋기가 아니라 단어의 본래적 의미에서 '지평'으로서 시야에 대두한다면, 결과적으로 의미 없는 삶을 초래하게 될지도 모른다. 왜냐하면 그런 죽음에는 아름답고 충만한 삶을 염려할 아무런 이유도 존재하지 않기 때문이다. 그리고 삶을 영원히 지속하는 일이 언젠가 이루어진다면, 아마도 그때는 삶을 실제로 살아가려는 노력 역시 극적으로 사라져버릴 것이다. 또한 개인들은 '삶'을 기다리며 삶을 흘려보낼지도 모른다.

죽음에 대한 사유가 예로부터 전해오는 삶의 기술의 훈련이라면, 그 훈련의 부활은 한계로서의 죽음을 의식하게 하고 그것을 고려하며 삶을 반복해서 새롭게 바로잡아가는 데 이바지한다. 죽음을 파악하는 일이 중요한 것은 아니다. 왜냐하면 죽음에서 파악해야 할 것은 아무것도 없기 때문이다. 죽음이 얼마나 파악 불가능한 것인지는 죽은 자의 현상에서 증명된다. 죽은 자는 현존한다. 그리고 동시에 더 이상 현존하지 않는다. 그는 아직 보이지만 더 이상 실행되지 않는 몸짓 속에 계속 살아 있다. 그의 두 눈은 여전히 깜박이지만 이미 빛을 잃고 있다. 우리에게 도달하려고 애쓰는 그의 목소리는 무한한 공간 안에서 점점 사라져간다. 그가 더 이상 여기에 있지 않다면 어디로 갔단 말인가? 그는 전 생애를 거쳤다. 그에게 미래는 더 이상 없다. 가능성을 향해 열린 공간도 더 이상 없다. 죽음은 더 이상 수정할 수 없는 현실을 결정적으로 확증했다. 줄곧 가슴속에 지녀온 '구상'은 죽음을 통해 돌이킬 수 없는 방식으로 꺾이고 만다. 삶이자 평생에 걸쳐 노력을 바쳤던 작업은 죽음과 함께 끝난다.

삶에 있어 중요한 극단의 염려로서 '죽음에 대한 사유'는 그 시발에서부터 철학의 한 특징이며, 이런 사상을 반복해서 생각해보는 것은 일종의 훈련이다. 이 훈련을 통해 자기는 죽음을 눈앞에 똑똑히 보며 죽음에 익숙해지고, 죽음과의 친숙함을 얻어내고, 죽음에 자기 삶의 견고한 위치를 부여하게 된다. 그렇게 해서 자기는 죽음에 대한 공포를 버리고, 죽음과 교통하는 가운데 언젠가는 '홀가분하게 죽을' 수 있도록 허락해주는 마음의 평정에 이르는 것이다. 스토아 학파는 이런 목표를 체계적으로 추구했다. 세네카Lücius Annaeus Seneca, BC 4~AD 65는《루킬리우스에게 보낸 편지Epistulae morales ad lucilium》에 "태연한 마음으로 삶을 떠날 수 있도록 매일같이 노력하라"고 기록하고 있다. 사유가 자신의 삶을 살아가는 데 방해가 될지도 모르는 죽음에의 집착을 초래해서는 안 된다. 오히려 죽음에 대한 두려움을 없애주어야 한다. 왜냐하면 사람을 죽게 만드는 것은 죽음이 아니라 죽음에 대한 두려움이기 때문이다. 한계로서의 죽음을 받아들이는 것, 죽음과 친밀해지는 것은 무엇보다 삶을 위해 자유로워지고, 죽음을 가볍게 해주는 방식으로 삶을 사는 것을 의미한다. 성찰적 삶의 기술에서 죽음에 대한 사유는 삶으로의 분발로, 삶의 충만함을 만끽하게 하는 박차로, 또한 삶이 어려운 순간에 그 어려움의 경감으로 이어진다. 이런 가운데 자기는 너무 괴로운 것은 언젠가 모두 버려진다고 스스로에게 말할 수 있다.

몽테뉴는 죽음에 대한 여러 가지 생각보다 우리가 더 몰두해야 할 것은 없다고 말한다. 이것은 그가 상기시키는 대로, 이집트 사람들이 매 식사 후 비탄하기 위해서가 아니라 삶을 한층 더 기뻐하기 위해 죽음의 모습을 떠올렸던 것과 같이 그가 매일 삶의 극단의 순간을 눈앞에 똑똑히 떠올리며 행한 훈련이다. 삶의 기술은 죽음의 기술과 결부되어 있다. 또한 삶의 지식 역시 죽음의 지식과 결부되어 있다. 죽음은 삶을 그늘지게 하지 않는다. 죽음은 삶의 한 구성요소이다. 죽음은 유희를 가능하게 하며 무효화할 수 없는 규칙이다. 죽음은 우리의 생애 과정의 목표일지도 모른다. 그러나 삶이 향해 가는 최종적 지점이라는 의미에서 그럴 뿐, 목적이라는 의미에서 그런 것은 아니다. 삶을 다시 잃는다는 것은 삶의 조건에 해당한다. 우리는 역설적으로 삶을 죽음 덕분으로 돌리게 된다. 삶을 느끼게 해주는 죽음의 모순을 경험하지 않는다면 삶은 가치가 없을지도 모른다. 그러나 몽테뉴는 죽음에 대한 사유의 본래적 의미가 삶에 대한 사유라고 한다면, 그것이 삶을 제 발 아래 묻어버릴 수도 있지 않을까 하는 점을 두려워한다. 그리하여 그는 결코 죽음을 사유하지 않는 '냉담Nonchalance'을 찬양한다. 그에게 냉담은 철학의 최고 단계로 여겨진다. 같은 생각에서 니체 역시 그를 따라 "인간들이 죽음에 대해 철저히 사유하려 하지 않는다는 사실"을 아는 것이 자신을 행복하게 해준다고 말한 뒤, "나는 삶에 대해 생각하는 것이 백배는 더 가치 있다는 것을 깨닫게 할 뭔가를 기꺼이 그들에게 해주고 싶다"고 술회하기에 이른다.

죽음을 사유하는 것과 사유하지 않는 것, 이 두 가지 훈련은 죽음과 잘 소통하는 것을 목표로 한다. 이것을 넘어 그저 사유의 훈련에 머물지 않고 사실적 경험이 되고, 죽음의 지식과 비교할 수 없을 만큼 삶의 지식을 촉진하는 또 다른 훈련이 있다. 바로 타자들과의 동반적 죽음이다. 이것은 단순히 그들을 '동반'하는 것 이상의 의미를 지닌다. 왜냐하면 이것은 그 죽음이 마치 나 자신의 죽음이라도 한 것처럼 죽음을 경험하는 것이기 때문이다. 죽음에 대한 모든 사전적 사유는 자기가 그 죽음의 진지함을 스스로 경험하지 않는 한, 죽음을 직시하고 죽음에 감정이입하지 않는 한 효과가 없다. 이런 경험은 삶에 대한 조망을 근본적으로 변화시킨다. 이런 경험을 하고 나면 사물들의 질서가 새롭게 잡히고, 의미를 얻거나 잃거나 한다. 일상에서 주의를 끌거나 중요해 보이던 많은 것이 죽음에 직면해 무無로 변한다. 자기는 타인과 함께 죽는다. 그리고 자기 자신이 죽는다. 두 죽음은 구별할 수 없을 만큼 서로 융해된다. 눈물로 말하자면, 무엇 때문에 흘린 것인지 분명하지 않다. 타자의 죽음 때문에 눈물을 흘린 건지 아니면 거부할 길 없이 가까이 다가온 자기 자신의 죽음 때문에 눈물을 흘린 건지 분명하지 않은 것이다. 자기 자신의 죽음으로 타자의 죽음을 체험하기, 죽음의 단련으로 이보다 더 오랫동안 영향을 미치는 것은 아무것도 없다.

그 섬뜩한 것에 접촉하는 것을 용인하기, 전적으로 죽음에 둘러싸이기, 죽음이 자신을 포옹하는 것을 허락하기, 죽음을 자신 안으로 받아들이기. 이렇듯 타자의 죽음을 함께 경험한 사람은 더 이상 똑같은 사람으로서 삶으로 돌아가지 않게 된다. 죽어가는 자의 눈길이 그의 내면에 계속 살아 있다. 삶 전체를 되돌아보는 시선, 미리 죽음을 향하는 시선 그리고 그것 너머로 향하는 시선, 죽은 자의 유산으로서 살아 있는 자의 내면에 생동하면서 살아 있는 자가 바라보는 이 이중의 시선. 이제부터 그는 죽어가는 자의 시선으로 삶을 바라보고, 자기 자신의 삶을 음미하고 어쩌면 변화시킬 것이다. 이렇게 넘겨받은 전망은 '마지막 날'을 전 생애에 걸친 삶의 모든 행위에 대한 시금석으로 만들어준다. 그렇게 해서 늘 행위의 원칙과 결과가 이 궁극적 시선 앞에서 영속할 수 있도록 행동하기에 이르는 것이다. 이것은 솔직함의 극단적 지점이며, 더 이상 회피를 용납하지 않는 진리의 순간이다. 결코 가면이나 속임수가 아니다. 이것은 죽는 자 자신의 삶 전체, 그리고 타자의 삶 전체가 평가되고 판정되는 기점으로서의 시점이다. 작품은 완성되었다. 이제는 더 이상 가필해 그림을 수정할 수 없다. 이제 그림은 마지막 질문에 답하기 위해 관찰될 수 있을 뿐이다. 그것은 아름다운 삶, 충만한 실존이었나? 이것이 죽음의 면전에서 제기되는 마지막 질문이다. 죽은 자가 남긴 것은 바로 그의 삶이기도 한 이 작품이다. 이 작품을 가지고 그는 자기 방식대로 익명이지만 세계를 함께 특징짓고, 아무도 회상하지 않을지라도 세계의 기억 속에 지워지지 않은 채 머물게 되는 것이다.

죽음을 면전에 두고 삶에서 아직 의미를 지니는 것은 근대적 삶의 3조 1단Trias이다. 돈, 권력, 섹스가 아니라 좀 더 근본적인 3조 1단, 즉 탄생, 죽음, 그리고 그 사이에 있는 에로티시즘이다. 인간 존재가 숨 쉬기 시작하고 그리하여 세계 전체가 새롭게 생성되는 순간, 인간이 숨 쉬기를 멈추고 그리하여 세계 전체가 돌이킬 수 없는 방식으로 꺼져버리는 순간, 그리고 이 두 순간 사이의 삶의 충만, 아름다움과 긍정할 가치가 있는 것들의 가능성, 타인들과 나누는 진실한 애정의 매력. 죽음을 면전에 두고 느끼는 가장 큰 위안은 소멸해가는 생명과 나란히 존재하는 살아 있는 생명이다. 어린아이들은 얽매임 없이 생명을 이어간다. 생명은 그들의 삶이 되고, 그들은 그 삶을 그들의 고유한 삶으로 만든다. 그들은 그 삶을 사랑하게 될 것이고, 그 삶을 만끽하며 그들의 방식대로 충만한 삶을 이끌어가게 될 것이다. 그들은 새로운 삶의 유혹에서 배워 에로티시즘의 신비로움을 알게 될 것이다. 탄생과 죽음의 신비처럼 그것을 이해하기 어려워하기도 할 것이다. 그러나 죽은 자들은 산 자들 속에서 계속 살고 있다. 그러지 않으면 도대체 그들이 어디에 머문단 말인가! 죽은 자들은 죽은 것이 아니다. 왜냐하면 그들은 무無로 용해될 수가 없기 때문이다. 살아 있는 자들에게 관건이 되는 것은 자칭 전위적인 자들이 다수를 마주하고 자랑스럽게 내보이는 자만 대신 죽은 자들이 자신 안에 깃들도록 용납하고 삶을 통해 가는 도정에서 그들의 도움을 확신하는 일이다. "죽은 자들이 한 자리를 차지하는 것이 중요하다. 그것이 본래 문화다."(하이너 뮐러)

　타자와의 동반적 죽음은 안락사에 만족하는 죽음 그리고 아름다운 죽음이라는 죽음 본래의 의미를 돌려주는 데 기여할 수 있다. 지나치게 소박하고 낭만적인 생각과 결부시키지 않고 말이다. 왜냐하면 어쨌든 사망은 무한히 고통스럽고, 죽음은 가련하고 불쾌한 것일 수 있기 때문이다. 이때 죽음을 함께하는 삶을 향한 극단의 염려가 이중적 견지에서 분명해진다. 가장 큰 고난(피할 수 없는 곤경)의 시간에 처한 다른 사람을 위해 배려하는 가운데, 그리고 언젠가는 그런 시간이 자신 앞에도 다가올 것이므로 자기 자신에 대해 염려하는 가운데 극단의 염려가 표출되는 것이다. 그러므로 죽음에 대해 전혀 모른다고 꾸며 대고 죽음을 개인들에게만 맡겨두었던 근대문화는 변화를 받아들이게 될 것이다. 이때 문제 되는 것은 전근대적 죽음과의 소통방식으로의 복귀가 아니라, 죽어가는 사람을 당황스러운 고독 속에서 죽음으로부터 지켜주기 위한, 죽어가는 사람보다 먼저, 그들 자신이 죽음에 따라잡히기 전에 살아 있는 사람들을 급작스러운 공포 속에서 달아나려는 데서 지켜주기 위한 지배적 태도의 변화이다. '다른' 현대에는 죽음과 함께하는 삶이라는 다른 문화가 존재할 수 있을 것이다.

왜냐하면 언제나 모든 개인에게 이것 하나만은 확실하기 때문이다. 그 자신이 언젠가는 살아 있는 엘리트라는 소수자 지위를 떠나게 될 것이며, 무시되었던 다수의 죽은 자들 속에 속하게 될 거라는 사실 말이다. 그러므로 불손한 태도에 빠지는 것은 현명하지 못하다. 어느 날 나는 마지막 휴식을 위해 나 자신을 눕히게 될 것이 분명하다. 어쩌면 나는 나의 종말이 다가온 것을 미리 알게 될 것이다. 그리고 영원히 작별을 고해야 한다는 슬픔 속에 이제 모든 것이 이루어졌다는 안도감을 섞어넣게 될 것이다. 나는 졸아도 되며, 마침내 잠을 잘 수 있게 될 것이다, '행복하고도 달콤하게.' 삶은 아직도 멀리 바라다보이고,

살면서 한 경험들과 일어난 일들이 지평 위에 나란히 세워질 것이다. 반면 사랑했던 사람들의 얼굴이 여전히 가까이에 있다. 아름다웠던 모든 것, 채워지지 못한 모든 동경, 참아낼 수 없었던 모든 것, 나의 잘못. 이 모든 것이 곧 내 무덤 위에 뿌려질 한 삽의 흙과 함께 덮일 것이다. 나의 고통, 나의 기쁨이 최후를 확인받게 된다. 나의 말과 나의 침묵도. 그러고 나면 새로운 삶이 시작된다. 그 사이 우선 현재에서 삶을 새롭게 옳은 방향으로 이끌고, 소멸하는 시간에 대한 무관심으로 인해 삶을 잃지 않는 것이 중요하다. 시간의 의식적 사용에 반복해서 자극을 주는 것은 바로 현재적 삶의 무상함에 대한 깨달음이다.

8.
시간 사용하기

삶이 근본적으로 시간 안에서 전개된다는 것은 진부하다고 할 만큼 평범한 진리이다. 그러나 다분히 시간 안에서 살아가는 현대의 주체는 누구든 알아챌 만한 이 사실을 좀처럼 의식하지 않고 있다. 삶의 기술 중 기본적인 테크닉은 시간의 의식적 이용이다. 이 테크닉을 통해 실존적 시간을 활용하고 단순한 소비로 시간을 잃지 않으며, 시간에 대한 지배적 생각의 독단을 따르지 않고 시간 자체를 제 것으로 만들게 된다. 이 시간 역시 자기습득 및 자기강화와 직접적으로 결부된 재산이다. 그런데 시간을 이용할 때 매우 어려운 점이 있다. 시간의 존재방식이 비물질적이고 비육체적이며, 불가시적이고 파악 불가능하다는 점이다. 파악 불가능한 것을 파악 가능하게 만들려는 욕구 때문에 옛날부터 여러 형태의 시간 측정기들이 등장했다. 그러나 그런 측정기들의 도움을 받고도 시간이란 무엇인가?라는 본질적 질문의 답변은 주어지지 않고 있다. 아직은 어느 누구도 시간이 사실은 무엇이라고 말하지 못한다. 따라서 시간이 실제로 존재하는가라는 의문도 정당화될 수 있을 것 같다. 삶을 영위하는 데 있어 모든 존재, 사물 그리고 관계들 안에서 자명하게 스스로만을 위해 현실성을 요구하는 현재의 상태는 소멸하며, 그 상태가 소멸된 뒤 다시 복구되는 과정이 진행되지 못한다는 단순한 소견만으로 충분하다. 이 과정은 지나간 과정으로만 인지되고, 지금 존재하는 것을 지나간 것과 비교하는 행위를 통해 가능하다. 어떤 일을 다시 한 번 체험하거나 모든 것을 바꾸기 위해 과거를 되찾고자 하는 바람은 시간의 경험에서 매우 난처한 부분이다. 흘러간 시간은 되돌아오지 않는다. 이런 고통스러운 귀결은 시간을 다룰 때 나타나는 무성의한 경박성과 확연한 대조를 이룬다. 시간은 거의 파악될 수 없는 것이기 때문에, 시간과 소통할 때 나타나는 경솔함은 끝이 없다.

이런 맥락에서 세네카의 글《인생의 짧음에 관해서*De brevitate vitae*》는 인생이 짧은 매 순간으로 인해 낭비하지 말고 조심스럽게 다뤄야 할 값진 자원임을 역설하고 있다. 삶을 '오래' 누리고 싶어 하는 사람은 삶의 연장 같은 상투적인 것을 통해서가 아니라, 정신적 지평의 시간적 확대를 통해 목적에 도달한다. 정신적 지평의 시간적 확대를 통해 과거의(그때마다 한 경험들의, 그때마다 사유한 사상들의) 조명 아래에서 그리고 미래의(두드러져 보이고 생각해볼 수 있는 가능성들의) 조명 아래에서 실존의 현재적 성취를 알아볼 수 있는 것이다. 회고적이고 앞으로의 전망이 담긴 정신적 지평의 확장은 그때마다 현재에서 유일하게 선택할 수 있고 다룰 수 있는 삶의 압축을 일으킨다. 자기는 이 무한한 토대로부터 현재를 위한 방향감각을 얻어내기 위해 과거에 있었던 것의 넓은 지평 안에서, 그리고 자신의 삶을 넘어 다가오는 것을 앞서 생각하고 준비하기 위해 미래적인 것의 끝없는 지평 안에서 행동한다. 그리하여 자기는 직접적으로 고유한, 극도로 제약된 시간 안에 더 이상 갇히지 않게 되는 것이다.

그러나 현재적인 것과 미래적인 것 사이의 관계는 불안정하다. 삶 전체에, 특히 삶의 기술에 결정적 의미를 가지는, 현실적인 것과 가능한 것 사이의 관계가 문제 되기 때문이다. 이 관계가 불안정한 것은 처음에는 크게 벌어져 있다가 시간이 지남에 따라 점점 닫히는 시간의 가위 때문이다. 현재의 매 시점에서는 그 실현이, 별다른 생각 없이 시간의 무한한 지속에 맡겨지는 가능성들이 끝없이 활짝 열려 있는 것처럼 보인다. 그러나 실제로는 시간의 가위가 눈에 띄지 않게 닫히기 시작하고, 가능성의 폭이 거부할 수 없는 방식으로 줄어든다. 줄어드는 시간의 폭 안에서 남겨진 가능성의 실현 공간이 점점 빠듯해지는 것이다. 주체가 가능한 삶의 표상을 실현을 향한 과정에 놓기 위해 아무런 염려도 하지 않는다면, 그의 씁쓸함은 시간의 진행과 함께 더욱 커질 뿐이다. 왜냐하면 큰 꿈들이 더 이상 실현되지 않을 것이 분명해지기 때문이다. 시간의 가위는 시간을 잘라낸다. 그리하여 시간의 폭이 좁아지고, 현존하는 것과 미래에 존재하게 될 것들이 점점 더 가까워진다. 마침내 현재의 한 점으로 수렴되고 시간은 결정적으로 잘려나간다. 가위가 닫히는 것을 막을 수는 없다. 때에 따른 시간의 이용을 통해 시간이 최선의 가능성을 파괴하는 일을 막을 수 있을 뿐이다.

우리는 삶의 전환을 일으키고 가능성들의 실현에 착수하기 위해 현재의 매 순간에 첫발을 내디딜 수 있다. 현재만이 변화의 시간이다. 그렇지만 현재는 시간의 가장 큰 난관이기도 하다. 왜냐하면 가능성들이 실현되려면 이 시간의 바늘귀를 통과해야만 하기 때문이다. 또한 실현을 향해 밀려드는 가능성들은 무척이나 넘치더라도, 실현을 위한 기회는 부족하기 때문이다. 현재에서 어떤 가능성이 실현되는가 하는 것은 여전히 우연의 문제, 순간적인 권력의 문제, 술책과 역설, 촉구의 문제, 밀고 당김의 문제이다. 결코 감격스러운 장면은 아니다. 시간의 가위의 벌어진 폭이 결정적으로 좁아지지 않는 한, 한편으로는 삶이 지닌 가능성들이 쌓이는 반면, 다른 한편에는 과거가 되어버린 낡은 현실이 쌓인다. 이런 사태의 상징이 바로 모래시계이다. 가능성들은 모래시계 속의 모래알들처럼 동시에 이동하는 것이 아니므로, 차례의 원리, 순서의 원리가 남는다. 이런 원리를 의식적으로 이용해야 한다면, 현재의 좁은 통로로 통과시키기 위해 가능성들을 순서대로 줄 세우는 것이 중요해진다. 모순된 가능성들조차 그런 순서를 통해 생기를 지니게 된다. 그러나 너무 많은 가능성들을 한꺼번에 실현시키려는 시도는 '정신적 압박감'을 낳고, 그로 인해 주체의 일상은 많은 일들로 바빠진다. 이런 주체는 삶과 잘 소통하지 못한다. 왜냐하면 시간 활용에 숙달되어 있지 않기 때문이다. 이와 달리 영리한 주체는 가능성들 가운데 몇 가지만 선택하고 현재에 당장 설 자리를 찾지 못하는 가능성들은 '시간의 선로 위에' 올려놓는다. 그러면 상황이 좀 더 유리해졌을 때 그 가능성들이 시간의 선로를 따라 미래의 실현을 향해 저절로 미끄러져가게 되는 것이다.

시간을 잘 이용하는 사람들에게 시간은 크게 불어난다. 시간을 잘 이용하는 사람들은 시간의 가위로부터 가능성들을 구출해내고 그것들을 현재라는 바늘귀로 차례대로 통과시킨다. 자신이 생각하는 것을 특히 시간의 분할을 통해 실현시킨다. 이러한 시간의 구역별 배분은 파악할 수 없는 시간을 파악할 수 있게 만들어줄 뿐 아니라, 조망할 수 있는 비례관계 안에서 시간을 조정할 수 있게 해준다. 차례로 이어지는 시간의 구역들은 매우 멀리 떨어져 있는 목표를 향해 가는 과정을 진행시키고, 이와 함께 그때마다 가장 가까운 곳에 놓여 있는 일에 집중하게 한다. 시간Hora*은 그리스어와 라틴어에서 모두 근원적으로 시간의 그런 구역별 배분 외에 다른 것을 의미하지 않았다. 그 가운데 자세히 이해해야 할 것은 전통과 관습을 통해, 자연적 순환과 개별적 판단에 따라 정의되었다. 시간의 문화사는 근대인들이 어떤 우여곡절을 거쳐 그처럼 친숙한 '시간'의 해석에 이르게 되었는지를 보여준다. 이러한 역사에 대한 지식은 근대적 시계의 지배적 시간Hora에서, '정확한 시각'에 대한 부단한 시선이라는 시간측정광狂에게서 시간과 소통하는 궁극적 형식을 보는 것이 아니라, 오히려 자기가 매번 가지는 시간감각을 계산에 넣는 개별적 시간 배분에 그럴 만한 공간을 부여하는 것을 가능케 한다. 시간의 개별적 배분은 시간을 활용하고 어느 날 시간이 활용되지도 않은 채 삭제되어버렸음을 너무 늦게 깨닫지 않도록 하기 위한 삶의 기술의 한 가지 요령이다. 지나가버리는 시간Zeit에 대한 고통, 바로 여기서 시

• 라틴어 Hora는 독일어 Stunde와 같은 의미이며, 특히 가톨릭교에서 때에 맞춰 올리는 기도 시간, 성무 일과를 뜻한다.

간Stunde이 탄생한다. 광대하고 측량할 수 없는 시간의 영역에 첫발을 내딛는 것을 허락하고, 자기가 지금까지 얼마나 왔는지 그리고 갈 길이 얼마나 더 남아 있는지를 보여주는 이정표를 설치하여 무절제한 시간에 척도를 부여하는 시간의 탄생인 것이다. 시간Zeit의 배분은 삶에 형식을 부여하며, 동시에 집중해서 살아가는 것을 가능하게 해주는 구조들을 가지고 일상으로 살아가는 삶 전체를 관통한다. 시간Stunde은 달아나는 시간Zeit에 대해 오랫동안 비탄하는 가운데 무아경의 삶이 끝나지 않도록 하는 절제의 실행이다.

개별적으로 실행된 시간 배분과 대비되는 보편적으로 구속력을 지닌 시간 배분은 존재론적 의미가 아니라 조직적 의미만을 요구할 수 있다. 보편적으로 구속력을 지닌 시간 배분은 개인에 고유한 여러 시간 세계에 동시성을 부여한다. 이것은 공간의 조직 잠재력이 정보 전달 과정의 복합적 상호작용을 기술적으로 구조화하기에 충분하지 못한 경우 특별히 요구된다. '다른' 현대의 공간 문화는 근대문화의 이런 시간 조건들로부터 풀려날 수 없다. 하지만 이 공간 문화는 시간과의 조정된 소통을 유리하게 만들 수 있다. 그러지 않아도 시간의 사회학에서 볼 수 있는 것처럼, 시간을 그 형식 가능성을 통해 가시화하는 '시간 구조 내에서의 대변혁들'이 두드러지게 나타난다. '다른' 현대의 시간의 자율적 이용은 더 이상 근대의 타율적 시간 개념 때문에 위축되지 않는다. 오히려 엄밀하게 측정된 기술적 시간의 현상형식들과 더불어, 그리고 주관적 국면과 상태의 전혀 다르게 위치하는 순환적 시간과 더불어 작동한다. 시간과의 성찰적이면서도 독자적인 교류를 잘 다룰 줄 아는 '곡예사'는 시간의 자율적 활용을 반복해서 훈련한다. 그는 협소한 시간의 제약에서 풀려난다. 그리하여 자신의 시간들을 독자적이면서도 상황에 따라 특수하게 구성한다. 빠르게 변하는 맥락에 익숙해지는 것이 그의 능력이다. 이런 시간의 연주자들은 개인이 각자의 시간 세계를 스스로 형성하는 데 익숙하지 못했던 근대를 넘어 앞으로 한 발자국을 내디딘다. 근대의 개인들은 자율적 시간을 고안하기는커녕 현존하는 시간질서의 작은 변화만 겪어도 곧바로 객관적 시간으로부터 투사되었다. 그들은 그렇게 객관적 시간에 무조건적으로 자신을 내맡겼기 때문에, 순환적으로 되돌아오는 사소한 낱낱의 '시간 변화'도 그들의 현실에 균열을 남겼던 것이다.

'다른' 현대에서 삶의 기술의 주체가 보여주는 변화된 시간관념의 특징은 내가 나의 시간을 최선을 다해 이용했는가? 내가 무엇을 하느라 나의 분초를 잃어버렸는가? 라는 식의 근대적이고 이성적인 시간 계산에 더 이상 고통을 받지 않는다는 점이다. 성찰적 삶의 기술의 시간 계산은 반대 의미에서도 이런 질문을 한다. 즉 나는 어디서 나의 시간을 향락으로 낭비했던가? 나는 어디서 아무 아쉬움 없이 그 분초를 탕진했던가? 라는 질문 말이다. 변화된 시간관념은 삶을 통해 시간의 모순적 이용을 의도적이고 의식적으로 보여주는 것을 가능하게 해준다. 한편에는 맡겨진 시간을 잘 활용하는 것, 이용하지 않은 채 삭제하지 않는 것, 외적 필연성에 응하면서도 자신의 생각을 실현하는 것, 그리고 어느 날 잃어버린 시간을 찾아 나서지 않아도 되는 것이 있다. 그러나 다른 한편에는 의도적으로 시간을 흘러가는 대로 내버려두는 것, 심심풀이로 의미 없는 일을 하는 것, 나태의 기술에 관여하는 것 그리고 사정없이 진행되는 시간의 폭력으로부터 벗어나기 위해 옛 공간 문화에서처럼 되는대로 살아가는 것이 있다. 충만한 시간과 빈 시간 사이의 동요가 그렇게 시작된다. 이때 충만한 시간이 사실은 빈 시간일 수 있고, 표면적으로 빈 시간이 사실은 충만한 시간일 수 있다. 시간을 의식적으로 활용한다는 것이 맡겨진 시간을 어떤 경우에도 가득 채워 선용해야 한다는 것을 의미하지는 않는다. 공허함에 공간을 마련해주거나, 그 공허함이 사실로 밝혀질 경우 그것을 넘겨받고 수용해 그 안에서 새로운 충만을 발견해내는 것을 의미할 수도 있다. 빈 시간은 아무것도 하지 않고 산책을 하거나 담소를 나누거나 백일몽을 꾸거나 감각적 욕망에 몰두하는 것으로 채워질 수 있다. 이 빈 시간을 통해 새로운 사상을 사유하고, 지난 경험을 다듬고, 다른 사상을 받아들이고, 새로운 경험을 할 수 있다. 다시 말해 빈 시간은 자신의 일관성을 회복하고 새롭게 형상화할 수 있는 자기의 시간인 것이다.

빈 시간은 현재의 어려움과 거리를 두게 하고, 그 어려움을 밖에서 바라보게 하며, 미래적인 것의 넓이를 시야에 떠오르게 한다. 이때 자기는 지나치게 많은 것을 동시에 실현하고자 하는 유혹에서 벗어난다. 자기는 시간을 얻는다. 자기가 선택할 줄 알고, 가능성을 포기하거나 심지어는 가능성을 허비해버릴 준비를 하고 있기 때문에 가능한 일이다. 모든 제안들을 실행해야만 하는 것은 아니며, 모든 가능성들이 다 실현되어야만 하는 것도 아니다. 빈 시간의 결과로 자기는 마침내 시간의 소유에 다다르며, 자기 자신 및 다른 사람들을 위한 그리고 다른 일들을 위한 '시간을 갖게' 된다. 시간을 갖는다는 것은 단순히 여유를 갖는 것 이상을 뜻한다. 다시 말해 시간 가운데서 편안하게 살아온 실존의 형식으로부터 벗어나는 것, 어떤 사람 혹은 사물에게 모든 관심을 기울이는 것, 익명성과 보편성을 떨쳐버리는 것, 대화 또는 심사숙고의 형식을 통해 연관의 특수성과 복합성에 여지를 부여하는 것을 의미한다. 시간을 갖는다는 것은 타자들, 사물들 그리고 나 자신이 소통하는 특별한 형식 및 방법이다. 이것은 관심과 신중함을 통해 형성되며, 무관심에 의해 형성되지 않는다.

빈 시간에 익숙해지면 인내심을 갖고 기다리는 것이 가능해진다. 비어 있는 것이 더 이상 치명적 위험은 아니기 때문이다. 인내심을 가지고 모든 것이 지금 당장 여기서 실현될 수 없다는 것을 참아낼 수 있게 된다. 그리고 상황이 허락되면 알맞은 시간, '결정적 시간Kairos', 즉 보다 유리한 조건에서의 실현을 허락하는 시간을 기다릴 수 있게 된다. 굳이 수동적인 기다림일 필요는 없다. 빈 시간은 미래의 유리한 상황을 준비하는 것으로 채워질 수도 있는 것이다. 그러나 어떤 경우든 자기에게 다가오는 것을 향해 개방적 자세를 유지하는 것이 중요하다. 이런 자세는 그 자체만으로도 산 보람을 느끼게 하는 자줏빛 순간 purpurne Stunde들의 등장을 용이하게 해준다. 오스카 와일드Oscar Wilde, 1854~1900는 한 편지에서 이 자줏빛 순간들에 대해 우리는 우리가 '시간Zeit'이라고 부르는 "천천히 살금살금 움직이는 이러한 회색의 사물로부터" 그것들을 "구해낼" 수 있다고 말한 바 있다. 모든 기술은 시간과의 소통에서 이러한 순간을 생성하며, 새로워진 삶의 기술에서도 '하루를 꺾어 그 하루를 향유하라'라는 고대의 삶의 기술의 공식을 지키기 위해 자기가 자유로워지는 것을 목표로 한다. 왜냐하면 개별적 시간은 궁형의 천장이 모든 것 사이에 펼쳐진 일종의 아치와 같은 시간 속에 깃들어 있기 때문이다. 연속성과 불연속성, 향유와 싫증, 쾌감과 비애 사이에 아치를 이룬 시간 속에 말이다. 이런 모순과 더불어 살아가려면 항상 새로운 실존적 시도가 필요하다.

9.
시도하며 살아가기

살면서 의심이 생기면 자기 자신과 자신의 가능성들을 시도해보는 것이 중요하다. 자유롭게 처분할 수 있는 가능성들을 시험해보고 닫혀 있는 가능성의 지평이 현존하는 것에 매몰되지 않도록 하기 위해 그런 시도들이 필요하다. 삶의 주체는 시론적試論的 실존을 산다. 삶 전체와 매일이 새롭게 균형을 이루게 하고, 선호하는 습관들을 숙고하며 익숙해진 몸짓과는 다른 몸짓을 시험해보기 위해서이다. 개인적 삶을 뛰어넘어, 어쩌면 '다른' 현대 자체가 새로운 시도의 시대인지도 모른다. 우리는 많은 사람들에게서 전래된 확신으로 되돌아가려는 시도, 발을 디딜 확고한 토대를 마련해보려는 시도 그리고 심지어 그때그때 시론의 실행을 포기하려는 시도마저도 찾아볼 수 있다.

'시도'에 대해 이야기하려면 몽테뉴를 언급하지 않을 수 없다. 그는 글쓰기 양식으로서 그리고 실존 양식으로서 시도의 기초를 세운 인물이기 때문이다. 몽테뉴 이후로 에세이, 시론이라는 이름 아래 글쓰기의 특별한 한 형식, 말하자면 탐색적인 글쓰기 방식이 이해되고 있다. 그 형식을 통해 주체와 그의 실존의 특수한 관계가 표현된다. 몽테뉴의 《수상록Essais》은 시론적 실존의 공개적 표명이다. 놀랍게도 오랫동안 에세이 연구가 실존적 실천으로서보다는 하나의 문학적 장르로 더 많이 고려되었음에도 불구하고, 그의 공개 선언은 실험적 테크닉의 역사적 선례로서 성찰적 삶의 기술로 받아들여진다. 몽테뉴는 에세이를 쓰기만 한 것이 아니다. 그 자신이 일종의 에세이(시론)이다. 그런 시도들을 할 때 그에게 중요한 것은, 경험을 하고 그 경험으로부터 지식을 얻어내는 것이다. 그렇기 때문에 그가 에세이라는 개념을 경험이라는 개념과 동의어로 사용하고, 자신의 길, 자신의 지식을 '경험을 통해/시험을 통해par expérience' 찾는다고 말할 수 있었던 것이다.

이 경험expérience이라는 개념 안에는 라틴어 experientia가 함께 울리는데, 이 용어는 주어진 것의 인지를 넘어서는 실험, 시험, 검토, 그리고 실험과 결부된 훈련, 노력과 수고까지를 의미한다.

우리는 글쓰기를 매개로 자기 자신에 대한 실험을 할 수 있다는 사실을 몽테뉴로부터 배운다. 그는 글쓰기를 수단으로 하는 실험을 꾀하는 가운데 스스로를 실험한다. 자신의 형식을 발견하기 위해 저술에서 자신을 실험한다. 그가 긋는 모든 선은 그 자신이 되고 있는, 지금 생성 중인 작품 속의 붓질이다. 이와 함께 그는 지속적으로 자신의 '도안(디자인)'에 대해 언급한다. 자신의 설계도, 자신의 초안, 작업하고 있는 작품으로서의 자신을 그리기 위해서 말이다. 뿐만 아니라 그는 자신이 타인들에 의해 그려진다는 것, 나아가 자신의 출생에 의해 그려져 있다는 것을 고백한다. 그러나 그가 결정적인 것으로 여기는 것은 자신이 그리는 작업에 스스로 착수하고 의식이 완전히 깨어 있는 가운데 자신을 도안한다는 것, 타인이나 우연한 상황들도 그 도안에 동참하기 때문에 그것으로부터 의도하지 않았던 뭔가가 생성될 수 있다는 사실이다. 물론 스스로 종이 위에 몇 줄을 적고 삶 안으로 그려넣는 발걸음을 감행하지 않은 사람은 자신의 풍부한 가능성을 알지 못할 것이다. 그런 사람은 결코 자기 자신을 탐색하지도 실험하지도 않을 것이다. 그리고 어쩌면 자신이 실제로 존재하고 있는지 아닌지도 알지 못할 것이다. 이때 글쓰기의 경험은 결코 책상 위에서의 작업에 한정되지 않는다. 몽테뉴는 자신이 언급하거나 다른 작가들로부터 받아들인 명문장Sentenz들을 도리어 실험한다. 그는 그런 문장들을 일상의 삶을 통해 마음속에 지니며, 어떤 방해물도 개의치 않은 채 그 문장들과 더불어 달려나간다. 그렇게 해서 그 문장들이 쓸 만하다고 입증되는지를 경험하는 것이다. 물론 그 문장들도 도취하는 동안 윤곽이 불분명해지거나 확고한 근거들이 없어지기도 하다. 그 문장들이 다른 사람의 검증에 노출되기도 한다. 그러나 그럴 때 신경질적으로 반응하지 말고 그 검증의 눈길을 견뎌내야만 한다. 그러고 나면 저술뿐 아니라 삶을 위해서도 그 문장을 붙들어놓은 것이 보람을 거두게 된다. 담론의 테두리 안에서는 더 이상 참된 것이 아니더라도, 삶에는 진실한 문장들로서 말이다. 몽테뉴는 자신의 저서 안에 이런 문장들을 편찬하는 동안 결국 자신의 삶의 시도의 한 목록을 만들어낸 것이다. 모든 삶의 문제에 걸쳐 있는 고갈되지 않는 보물창고를 말이다.

또한 그는 앞에서 택했던 주제에 그대로 머무는 일이 거의 없다. 시도가 그를 반복해서 다른 어떤 곳으로, 가능성의 들판 위 이곳저곳으로 몰아대기 때문이다. 이것은 어떤 계획의 엄격한 이행도 허락하지 않는 실존의 실행과 잘 어울린다. 그는 이런 사태를 그저 견뎌내기만 하는 것이 아니라 가속화한다. "나는 가던 길을 벗어난다. 부주의해서라기보다는 고의성이 있기 때문이다. 나의 환상들은 서로 연결되어 있다. 그러나 가끔은 그 연결이 매우 느슨하다." 이런 시론적 처리방식에서는 다른 사고들과 만나는 시도가 중요하다. 이미 생각한 것과 다르게 살아보려는 시도, 사고와 실존의 행복한 탈선 말이다. 기록된 그리고 삶으로 실천된 시론(에세이)들은 대단한 사전 준비 없이도 삶의 한가운데에서 그것들로 시작할 수 있다는 장점을 지닌다. 우리는 '앞에서부터' 시작하지 않아도 된다. 번거로운 기초 닦기를 먼저 추진할 필요도 없다. 그저 이미 한 경험들에 의존할 수가 있는 것이다. 그것들을 성찰하고 새로운 경험을 해나갈 수 있는 것이다. 글쓰기와 실존의 양식은 실천적 경험에서 나온다. 그러나 이 양식은 한 계획의 직선적 실행과 단조로움으로는 다 채워지지 않는다. "나는 기분전환을 위해 밖으로 나간다, 거침없이 그리고 되는대로. 나의 문체양식은 나의 영혼처럼 똑같이 방랑하면서 이곳저곳을 맴돈다." 경솔한 독자는 곧바른 길을 통해 논술이 가장 잘 이루어진다고 믿지만, 시도의 공간을 얻어내려면 우회로를 만드는 것이 중요하다. 몽테뉴가 때로 자신의 주제를 놓치는 일이 있다면, 시도들은 길을 잃을 위험성을 내포한다. 그리고 이 빗나간 길은 목적지를 향한 곧바른 길보다 더 풍부한 경험을 제공한다.

자기의 전체적인 다양성과 모순성은 이런 방식으로 전개되고, 명백한 연관성이 결핍된 가운데서도 하나의 통일성이 유지된다. 풍부한 상상력을 가진 자기가 성찰적 삶의 기술을 위한 표본이 될 수 있다. 몽테뉴의 경우 가능성의 공간 전체를 가로지르는 상상력이 확고한 위치를 점하고 있어서, 그는 이 상상想像의 개념을 사유의 개념과 동등한 위치에 놓는다. 상상에 자유로운 통로를 열어주는 일은 시도들에 미리 구조를 부여하고 출입구와 대문을 활짝 열어주며, 삶의 기술의 가능성의 지평을 여는 창조적 힘을 분출시킨다. 상상은 닫혀 있는 것을 열고, 황무지에 꽃을 피운다. 쾌락의 정원과 빈 공간의 충만함은 환상적이다. 상상의 표상능력은 타자에 대한 연관을 생성한다. 이념으로서의 타자, 가능성으로서의 타자, 인간으로서의 타자, 그리고 자기 자신의 내면의 타자에 대한 연관을 생성하는 것이다. 상상은 다르게 사유하고 다르게 사는 시도와 밀접하게 연관되어 있다. 상상은 모든 확실성을 무효화하고 한 사실성이 고정되는 것을 방지한다. 상상은 한낮을 지나 먼 아침에 대한 예감을 전한다. 그러나 자기는 현재의 현실성을 파악하기 위해서도 상상을 필요로 한다. 상상만이 그것의 본래적 사실성 안에서 오로지 많은 상상을 통해서만 인지될 수 있는 연관들에 정통하다. 유일한 문제점이 있다면, 상상이 '공허한 상像들'을 보여주면서 속이고, 상상에서는 그런 것들이 삶의 충만 자체로 나타나기 때문에 자기로 하여금 충만한 삶으로부터 거리를 두게 만들 수도 있다는 점이다.

시도는 꿈의 실현에도 필요하다. 꿈의 의미를 인정한다는 것은 주체가 꿈꾸는 실존이 열려 있다고 간주하는 것을 뜻한다. 몽테뉴의 경우 꿈은 그가 꿈 가운데에서 길을 잃는 위험을 피하기 위해 어느 정도 질서를 갖춰 꿈꾸는 것에 의지해야 할 만큼 힘을 지니고 있다. 우선 그는 꿈꾸는 일이기도 한 어떤 생각을 실현하기 위해 초현실주의를 필요로 하지 않는다. 그가 철학의 가치를 인정하는 것은 철학이 매우 많은 면모를 갖고 있고 다양함을 숨기고 있어서 "우리의 모든 꿈과 몽상들이 그 안에 들어 있다"는 점 때문이다. 그는 이런 몽상들에 기꺼이 자신을 맡긴다. 몽상은 자신만의 세계를 설계하는 꿈 이상으로 상념의 방임이다. 꿈과 몽상은 사유와 실존 가운데 시도의 전장과 후장을 예비한다. 그리하여 몽테뉴는 우리의 꿈들이 우리의 담론들보다 더욱 가치가 있다고 말하기에 이른다. 우선 그는 해석과 설명의 도움을 받아 꿈속에 들어 있는 자기의 진리를 밝혀줄 해석학을 필요로 하지 않는다. 꿈의 의미는 오로지 실존의 다른 양식, 말하자면 실존의 초월성 양식을 경험하게 해준다는 데 있다. 초자연적인 무엇이 아니라, 자기가 타자의 경험을 위해 열어놓은, 습관적으로 살아가는 실존의 초월을 말하는 것이다.

이렇듯 일단의 관점들이 벌써 몽테뉴에게조차 시도

에 대한 실망스러울 만큼 단순한 개념을 유발한다. 몽테뉴로 하여금 시도를 하도록 촉구하는 것은 호기심이다. 호기심은 그에게 처음부터 무엇을 할 것인지 알 수 없는, 어디로 가서 어디에 도달하게 될지 완전히 예측 불가능한 불확실성 안으로 들어설 용기를 요구한다. 성찰적 삶의 기술에 연관시킬 수 있는 시도를 다룬 또 다른 사상가는 니체이다. 그는 "시도하면서 사는 것과 모험을 자청할 수 있는 것"을 특권으로 여긴다. 이것이 그의 저술에서 결박된 정신에 비해 두드러지게 자유로운 정신의 형태를 특징 짓는다. 전통과 관습에 맹목적으로 매몰되지 않는 자유로운 정신은 의식적으로 경험을 풍부하게 쌓는 것을 선택하는 정신이다. 이 정신은 어떤 확실성도 더 이상 존재하지 않고, 어떤 고정된 기준점도 없고, 오로지 수많은 시도와 유혹들로 이루어진 방황만 존재하는 '시도의 시절'을 처음부터 끝까지 겪어낸다. 자신의 삶을 실험하는 자유로운 정신은 항상 도중에 존재한다. 그는 여행자가 아니라(여행자는 자기가 가고자 하는 한 목적지를 알고 있으니까), 전망의 부단한 변화에 익숙해 있고 타자에 대한, 무엇보다 다르게 존재하는 모든 것에 대한 개방으로 자신을 이끌어가는 방랑자인 것이다. 그 정신은 자기규정과 '자기평가'의 과정을 통해 성숙한 자유정신이 된다. 그 정신은 실존의 모순들을 자기 자신에게서 경험하면서도 그것을 조화롭게 만들려고 하지 않는다. 그 정신 자체에 무엇인가 방랑하는 요소가 들어 있는 것이다. 그 정신은 그 자체로 동일하게 머물지 않고 변화한다. 그 정신은 자신의 정체성 안에 자신의 특징인 풍요로운 경험과 우연을 함께 짜넣는다.

시도를 하면서 살아가는 데는 기본적으로 두 가지 방법이 있다. 첫째는 의도적으로 시도를 감행하는 것이다. 이 시도의 주도자는 주체 자신이다. 둘째는 자신에게 시도가 일어나도록 허용하는 것이다. 다시 말해 부르지도 않았는데 찾아와 시도와 견줄 만하게 된 것에 대해 개방적 태도를 취하는 것이다. 즉 우연을 따르고, 우연을 시도의 동기로 인정하며, 유혹에 이끌리는 것을 용인하는 것을 의미한다. 몽테뉴와 니체는 개별적 경험이나 역사적 경험이 보여주는 대로 현실성의 상당 부분을 차지하고 있는 우연을 참을성 있게 수용했을 뿐만 아니라, 그것을 공격적으로 떠안을 태세를 갖추었던 사상가들이다. 다른 철학자들은 서구의 역사를 통해 이성에 저항하고 이성을 벗어나는 우연성의 범주인 '개연성'에 대해 적나라한 투쟁을 벌여왔다. 그러나 몽테뉴와 니체는 이와는 반대로 개연성의 수용을 위해 노력하고 그것을 시론적, 실험적 실존의 구성요소로 삼았다. 개연성과 더불어 살아가는 삶의 기술을 추구한 것이다. "내가 우발적인 것들을 조정할 수 없기 때문에 나는 그것들을 따라 나를 조절하고, 그것들이 나를 향하지 않으면 내가 그것들을 향한다."(몽테뉴)

우연은 예측할 수 없기 때문에, 예측 가능성을 목표로 삼는 세계에서는 역겨운 일이 되고, 체계구성을 목적으로 하는 사유에서는 불안으로 바뀔 수 있다. 그러나 우연을 피하려는 노력은 성과를 거두지 못한다. 우연에 저항하는 것, 분노에 가득 차 우연에 돌격을 감행하는 것은 헛됨의 모든 징후를 자체에 내포하고 있다. 우연은 말 그대로 다른 것이었을 수 있는 어떤 것이며, 필연의 반대이다. 그러나 이 우연이 적중하게 되면, 자기는 순식간에 도달한 사실적인 것의 벽에 상처가 날 만큼 머리를 부딪치게 된다. 우연은 현존하는 현실성을 십자를 그어 지워버리듯 자기가 전격적으로 순응해야만 할 또 다른 현실성을 형성해낸다. 우연 자체는 마음대로 처리할 수 없다. 우연은 모든 포착을 벗어난다. 우연을 축출하고자 하는 자는 분명 그 우연에 의해 추월당하고 만다. 따라서 삶의 기술을 위해서는 우연을 고려하고, 심지어 우연의 등을 타고 달리기를 시도하는 것이 중요하다. 우연을 유용하게 만드는 것, 때때로 우연이 다가오도록 유인하는 것, 우연 자체를 가능하게 하는 것이 중요하다. 왜냐하면 어떤 특정한 행위 또는 방임은 우연을 조성하거나 조성하지 않는 구조를 예비해주기 때문이다. 우연을 대할 때 매번 발생하는 선택은 자기가 취하게 되는 태도의 선택이다. 자기는 우연에 자신을 열 수 있으며, 결정적 순간에 진정으로 우연과 융해될 수 있어서 그 자신이 개연성의 구체화로 나타나게 된다. 우연이 받아들여지지 않을 수 없는 경우라도 자기는 그 우연에 의미를 부여하고 우연을 활용할 수 있는 가능성을 확보한다. 우연은 우리가 연관 지을 수 있는 논거를 만들어내고, 자신의 계획에 머물지 않으며, 우리가 활동할 수 있는 수단인 사실을 만들어낸다. 우연이 그것이 없었더라면 발견되지 않았을 숨겨진 가능성을 추론해내고, 우연을 감안하지 않았던 계획보다 애초의 의도를 더 잘 진척시킬 가능성을 열어주는 일도 드물지 않다.

다시 말해 삶의 기술의 전략은 불쾌한 우연들을 개연성이 덜한 것으로 만들고, 적어도 그 우연들이 가지고 있는 가능성들을 숙고하여 가능한 답변을 준비하는 방향을 취할 수 있다. 그러나 공격적인 행동방식은 무엇이 될지 자기가 알지 못하는, 또 자기가 아직 한 번도 그것의 표상을 그려본 적도 없는 '결과가 될' 것을 처음부터 이끌어낸다. 그리하여 우연을 의심하지 않을 뿐만 아니라, 우연에 자신을 개방하고 우연을 신뢰하며, 예술에서 일어나는 것과 유사하게 우연을 삶의 기술의 소재로 삼게 된다. 고대의 격언은 "예술은 우연을 사랑하며, 우연도 예술을 사랑한다"라고 전하고 있으며, 근대예술에서 우연의 활용은 때로는 그 원리로까지 치켜세워진다. 이렇게 우연은 삶의 기술에서도 한몫을 차지할 수 있다. 삶의 주체의 일관성은 우연성을 배제하지 않으며, 오히려 함께 연관을 맺고 삶과 자기의 영원한 쇄신요소로 우연을 이용한다. 어려운 경우가 있다면, 우연성이 주체를 압도하는 격정의 폭발로 나타날 때이다.

10.
격정을 다루는
분노의 기술

인간의 내면에 분노가 있다는 사실은 예전부터 여러 문화를 불안하게 했다. 그래서 그 문화들은 그것에 대한 해답을 찾으려고 했다. 그 해답들 중 하나가 예컨대 고대 비극이라는 예술형식이다. 고대 비극은 분노의 파괴적 분출을 무대에 올리고, 그것을 통해 관객으로 하여금 격정을 적절하게 다루도록 유도하며, 분노로부터 하나의 작품을 만들어낸다. 즉 분노를 훨씬 덜 해로운 형식에 편입시키는 것이다. 그러나 분노를 다루는 기술은 무엇보다 삶의 기술 철학의 역사에서 찾아볼 수 있다. 삶의 기술 철학에서는 분노의 순간의 태도 문제가 통상적 주제였다. 그런

데 이 역사에서 분노는 결코 문제로만 보이지 않는다. 아리스토텔레스의 경우, 오히려 분노를 상당히 긍정한다. 그가 볼 때 분노할 수 있는 사람은 근본적으로 존경받을 만한 사람인데, 그것은 그의 영혼의 열정이 그를 대단한 노력으로 내몰기 때문이다. 동시에 '어떻게, 누구에게, 무엇에 대해, 얼마나 오래 분노해야 하는가' 하는 영리한 계산은 포기할 수 없다. 분노를 이렇게 취급하는 것은 절제에 관한 아리스토텔레스 윤리학의 구성요소이다. 이때 절제는 규범적으로 고정된 것이 아니고, 개인의 판단과 상황의 특수성에 달려 있다.

세네카는 분노를 다룰 때 이와 반대의 입장을 취한다. 그는 분노에 대한 아리스토텔레스의 긍정을 단호히 거부한다. 때로는 가차 없이 성을 내면서 분노를 저주하고 격정을 제거하려 한다. "누구도 분노가 실제로 어느 시점 어느 곳에서 이익을 주기라도 할 것처럼, 마음 가운데 광기가 싹트는 것을 용납해서는 안 된다. 그러므로 분노의 고삐가 풀린 터무니없는 광기를 명백히 논증하는 것이 중요하다." 분노 현상에 대한 세네카의 생생한 묘사는 비할 데 없이 뛰어나다. 그는 무엇보다 그런 격정이 어떻게 '순간적으로 억제'될 수 있는지, 그리고 격정에 어떻게 저항할 수 있는지에 대해 숙고한다. 여기서는 이성만이 승리해야 하는데, 특히 분노가 정치적 공동체에 파괴적으로 영향을 미치기 때문이라는 것이다. 나중에 보게 될 분노를 다루는 몇몇 요령은 세네카 덕분이다.

플루타르코스Ploutarchos, AD 50 이전~120 이후가 세네카의 분노 제거 시도에 맞선다. 플루타르코스에게는 모든 열정이 낯설다. 그래서 분노에 대해 성내며 대응하는 데 생각이 미치지 못했는지도 모른다. 플루타르코스는 성전聖戰의 대열을 이끌지는 않는다. 그는 문제 되는 상황을 피하기 위해, 시기를 놓치지 않고 분노를 다루는 습관을 몸에 익히고 어떤 태도를 수련하기 위해 영리한 심사숙고에 자신을 맡긴다. 왜냐하면 분노가 폭발하는 순간에는 스스로를 더 이상 감당할 수 없기 때문이다. 그에게는 '이런 격정의 초상'을, 분노의 추악함과 천박함을 보여주고 자신의 뛰어남을 조롱하는 취약점을 나타내주는 표상을 눈앞에 떠올려보는 것이 유용해 보인다. 모욕을 받았을 때 그 모욕을 지나치게 빨리 자기 자신에게 연관시키고 그것에 대해 분노하게 되는 것은 다름 아니라 자신이 약하기 때문이다. 플루타르코스에게는 분노를 없애는 것이 문제가 아니라 애당초 분노에 어떤 여지도 주지 않는 것이 중요하다. 그리고 분노를 피할 수 없는 상황이 된다 하더라도, "그것이 과도하게 일어나서는 안 된다". 그는 "분노 가운데서는 더욱 침착할 것"을 권한다. 그리고 그렇게 되기 위해 매일의 수련을 권한다. 예컨대 술을 마시지 않는—본래의 제안— 날들처럼, '화내지 않는 날'을 드문드문 정해놓고 그런 날들을 서서히 늘려가는 방식의 수련을 권유하고 있는 것이다.

분노를 다루는 적절하고도 영리한 기술과 관련해 마지막으로 언급할 사람은 몽테뉴이다. 그는 분노를 생생하게 실험해보고 그것에 관해 보고하고 있다. 자신의 살림살이가 "빈틈없는 질서"를 유지하도록 가끔 스스로 분노한 자로 연출하고, 화를 당한 사람들과 상호성을 바탕으로 계약을 맺는다. "만약 그대들이 격앙에 빠진 나를 보게 되면, 내가 이리저리 참견할 수 있도록 내버려둬주시오. 내 쪽에서도 그대들에게 그렇게 할 테니." 그 자신에게 한 그의 처방은 강렬하게 그러나 "짧고 사사롭게" 분노하라는 것이다. 그는 다른 사람에게도, 특히 자기 집안에서 '분노를 폭발시킬' 권한을 가진 모든 사람들에게도 분노를 "매번 쏟아내지 않도록" 영리한 계산을 하라고 조언한다. "그렇게 매번 분노를 쏟아내면 그 영향과 무게가 줄어들 기 때문"이라는 것이다. 그 밖에 "갑작스러운 흥분"을 그 대로 방임하는 것과 그렇게 해서 그것을 즉시 다시 가라 앉히는 일은 그에게는 건강과 관련된 문제이기도 하다. 그렇게 분노는 결과적으로 마음의 평정을 촉구한다.

그러나 칸트는 분노 가운데서는 우리가 깊이 생각했 던 대로 행동하지 않는다는 사실, 그러니까 분노는 영리 함에 대한 변화된 항변이라는 사실을 분노에 내재된 문제 로 본다. 분노는 모든 격정이 그렇듯 "그 자체만 관찰하면 매번 어리석은 일이다". 칸트는 격정과 열정을 구분한다.● 격정Affekt의 특징은 그것이 순식간에 분출하여 주체가 한 순간 완전히 당황하게 된다는 점이다. 반면 열정Leidenschaft

---

● 칸트의 《판단력 비판Kritik der Urteilskraft》 V272 〈격정〉에 대한 원주 참조 (이마누엘 칸트, 《판단력 비판》, 백종현 옮김(아카넷, 2009) 286쪽). 정신분석학 에서는 Affekt를 '정동情動'으로 번역하고 '객관적으로 파악 가능한 감정 상태'라 고 개념 규정하고 있으나, 이 책에서는 분노와 같은 격렬한 감정의 분출을 문제 삼으며 특히 칸트의 개념 정의에 유의하고 있으므로, 그 번역어를 따라 '격정'으 로 옮기고자 한다.

은 지속적이어서 주체의 태도의 구성요소가 될 수 있다. 환희, 비애, 희망, 부끄러움, 갑작스러운 두려움과 놀람, 공포와 불안, 경탄과 의혹, 웃음과 울음, 그리고 분노가 격정에 해당한다. 그러나 지속적인 분노가 열정으로 변하기도 한다. 다시 말해 증오로 변하는 것이다. 그러므로 칸트는 격정과 관련해 실천적이고 영리한 '정서의 지배'에 특권을 부여한다. 이것은 스토아 학파가 그렇듯 격정을 축출하기 위해서도, 격정을 방임하기 위해서도 아니다. 오히려 격정을 성찰적으로 다룸으로써 그것을 실용적인 삶을 이끌어가는 원리로 삼기 위해서이다.

이런 역사적 배경에서 성찰적 삶의 기술을 위해 제공될 수 있는 분노의 기술에는 격정을 다루는 계산이 있다. 분노에 임의로 끌려가지 않고, 그 분노에 굴복할 것인가 말 것인가, 굴복한다면 언제, 얼마나 오래, 어느 정도로 굴복할 것인가 등등을 스스로 결정하는 계산이 바로 그것이다. 그리하여 격분의 파도 가운데에서 성찰의 순간을 유지하고, 그것이 허용된 것으로 보일 때 그 상황으로부터 벗어날 수 있게 되는 것이다. 이 계산은 분노에 직면한 태도의 가능한 두 극단 사이에서 이루어진다. 격정이 터져

나오려고 할 때 계산 없이 그대로 허용하는 분출과 격정을 지배하고 억제하며 결국에는 제거하는 완전한 제압 사이에서 계산이 이루어지는 것이다. 이 두 극단 사이의 공간에서 분노의 기술은 격정을 억제하는 대신, 격정이 임의적으로 그리고 임의성에 따라 파괴적 분출에 이르게 하는 일 없이, 격정에 여유 공간을 허락하는 행동방식의 획득을 목표로 한다. 계산은 주체의 자기강화의 표현이다. 자기통제나 단순한 방종을 의미하지 않는 자기강화의 표현인 것이다. 때때로 다른 격정이나 열정에 별 생각 없이 자신을 내맡기는 것이 차라리 나아 보이기도 한다. 그러나 분노는 그렇지 않다. 분노에는 인간들의 관계를 산산조각 내는, 그러고 나서 '미안하다'고만 말하는 특성이 있기 때문이다.

분노의 기술에 관한 세부작업에서 이론적 성찰은 예비 단계에 지나지 않을 수 있다. 그런데 여기에는 실패가 거의 규칙이다시피 한, 분노에 대한 실천적 취급 훈련이 따라야만 한다. 분노의 관리와 제어를 위해서는 분노와의 힘겨루기가 그대로 유지되는 몇 가지 요령을 이용할 수 있다. 분노의 모든 동기 앞에는 분노 행사의 여지가 있으므로, 가장 먼저 적용할 수 있는 요령은 사전 숙고Prämedi-tation이다. 사전 숙고 훈련은 세 가지 관점에서 효과적일 수 있다. 즉 이 훈련은 가능한 어떤 상황에 익숙해지고, 그런 상황을 미리 각오하게 한다. 이 훈련은 예기된 상황에서 아무것도 변할 수 없는 경우에도 이에 대한 자기의 태도 및 그 상황을 대면하고 활용하는 방법과 방식을 바꾸어준다. 마지막으로 사전 숙고는 예기되는 것의 의미를 해석하며, 가능할 경우 그 의미를 확정하는 사전 해석이 될 수 있다. 이런 과정에서 자기는 다가오는 사건에 어느 정도 큰 의미를 부여하거나 그 의미를 무無로 돌리기도 한다. 그에 따라 격정으로 촉발되기도 하고, 촉발되지 않기도 하는 것이다. 격정이 발작하는 순간 그 의미를 평가하면 신중한 반응을 보이기에는 너무 늦을 수 있고, 이 격정을 침착하고 영리하게 사전 평가할 수 있는 그 어떤 선택도 허락되지 않는다.

자기는 스토아 학파의 테크닉에 기대어 분노에 이르는 문턱을 미리 통제하고, 전략적으로 그리고 보편적으로 또는 그때그때 개별적 상황에 맞춰 자신의 조치를 전술적으로 확정한다. 그리하여 예기되는 모욕으로 인해 자극을 받지 않으며, 분노의 구실을 피하거나, 의미가 있어 보일 때는 거꾸로 분노에 이르기도 하는 것이다. 이것이 분할分割, Division이라는 요령의 구성요소이다. 분노를 작게 나누고 여러 단계로 배분하는 것이다. 전 단계, 첫 번째 징후들, 갑작스러운 분출 단계, 마지막으로 완전한 광란의 단계처럼 분노를 여러 단계로 구분하면 분노의 전개에 계산적으로 개입할 수 있고, 또 그 분노를 의식적으로 활용할 수 있다. 이것을 뛰어넘어 분노를 다룰 때 고전적 요령은 유예Dilation, 나중으로 미루기이다. 유예는 격정의 아킬레스건을 명중시키기 때문에 여러 저술가들이 가장 효과적인 해독제로 거듭 찬양해왔다. 분노에는 말하자면 지속성이 없다. '시간이 분노에 종료를 명한다.' 그러므로 분노를 대하는 가장 효과적인 수단은 '나중으로 미루기'이다. "분노의 격정이 빨리 행사하지 않는 것을 그 분노가 행사하지는 않는다. 그리고 그 분노는 쉽게 망각한다."(칸트) 바로 이것이 격정을 시간 안에 분산시키기 위한 '나중으로 미루기'의 요령인 것이다. 이 요령에는 분산Dispersion, 공간에서 사방으로 흩뜨린다는 의미에서의 분산도 도움이 된다. 재빠른 장소 이동, 신체적 움직임, 빠른 속도로 오락가

락하는 것을 통해 분노는 그 강도를 잃게 되는 것이다.

계산된 방출Entladung이라는 요령은 그것과 구분된다. 분노의 부담에서 벗어나기 위해 그것을 철저히 방임하는 것이다. 분노의 분출을 용인하고, 그렇게 해서 막연하지만 감지할 수 있을 만큼 압박을 가하면서 막혀 있던 것이 터져나오게 된다. 정화의 과정이다. 이때 계산의 내용은 처음부터 작동된 시간적 한계이다. 이것은 다른 방향으로의 유도Umlenkung라는 요령으로 바뀔 수 있다. 이 요령에서는 분노가 향할 대상이 선택된다. 이것은 분노가 맹목적으로 겨누는 대상보다는 해를 덜 입힐 대상으로 분노의 방향을 돌리게 한다. 다른 하나의 행동방식은 그 분출이 소리 없이 지나가게 하는 것이다. 바로 다른 쪽으로 돌리기Ablenkung이다. 이때 격정은 끝내 자신을 잊거나 최소한 완화된다. 격정이 어떤 대상(특히 매력을 뿜어내는 대상) 혹은 어떤 몸짓(예컨대 어떤 사람의 미소)을 마주하고 있음을 알게 되기 때문이다. 이런 대상 혹은 몸짓을 통해 격분은 부질없는 것이 된다.

보상Kompensation이라는 요령에서는 문제 되는 격정을 다른 격정, 예컨대 웃음 같은 것으로 대체하거나 격정을 중화하는 작업을 통해 분노의 에너지를 메우게 된다. 분노의 주체 자신이 이것을 시도한다. 이에 반해 분노를 나중의 어느 시점, 그러니까 분출에 유리하게 보이는 시점을 위해 유지하는 것이 관건이 되는 보존 내지 보관Konser-vierung이라는 요령은 그 효과가 덜 무해하다. 이때 격정은 격정이 순간적이라는 사실이 참일 경우 해소되어 사라질 수 있을지도 모른다. 그러나 격정이 사라지지 않을 경우, 그것은 다른 것, 즉 증오로 자랄 수 있으며 원한으로 굳어 버릴 수도 있다. 승화Sublimierung라는 요령은 위험성이 훨씬 덜하다. 이 요령의 도움을 받아 분노의 동력으로부터 작품을 위한 생산적 에너지가 획득된다. 분노라는 근원의 흔적을 내보이지 않으면서 이 천박한 동기 위에 있는 숭고함을 믿게 해주는 산물이 얻어지는 것이다.

분노와 소통하는 이 모든 요령은 주체가 분노 격화의 직접성을 향하는 외부에 도달하는 데 성공하는 것을 전제로 한다. 다시 말해, 손쓸 겨를 없는 진행의 사슬을 끊어내고 행동의 법칙을 다시 떠맡기 위해서는 외부로부터의 조망이라는 방책이 기본적이라는 것이다. 분노의 분출 과정에서 계산이 비록 효력을 잃는다 해도 이런 방법을 통해 다시 회복된다. 외부라는 위치는 일어나는 일을 거리를 두고 바라보게 하고, 그렇게 해서 섬광처럼 타오르는 분노에 대응하는 세력으로서 정신의 현재화라는 힘을 끌어들일 수 있게 된다. 분노가 움틀 때 이미 시작되고 유예와 함께 나타나는 인과율적 비판이라는 요령 역시 하나의 성찰요소이다. 누구보다 세네카가 이런 처리방식을 선호했다. 이 처리방식은 터져나오려는 분노를 그 원인에 관한 면밀한 조사로 대체하고, 분노로 하여금 자기정당성을 밝히게 한다. 혹시 분노의 대상이 자기의 상상 속에만 존재하는 것은 아닌가? 단순한 상상도 우리를 격분하게 할 수 있으니 말이다. 관계들에 대한 일방적 설명 또는 앞뒤가 생략된 채 무책임하게 퍼뜨려진 한마디 말도 그렇다. 혹시 중상모략이나 음모가 분노를 야기했는가? 그 동기가 정말로 분노를 터뜨릴 만한 일인가? 아니면 그저 사소한 일에 지나지는 않는가? 우리는 상대방에게 우리가 성을 낼 만하다고 고백하고 있는가? 예기치 못한 가운데 '사이에 끼어든' 일 때문에 성을 내는 것이 의미 있는 일인가? 설령 그것이 짜증스러운 일이고 심사숙고했던 계획을 헛되게 만들어버린다 할지라도 말이다. 그것으로부터 뭔가를 얻어내고 완전을 기대하는 대신 최소한 그것을 받아들이는 것은 불가능한 일인가? 우리의 내면은 우리와 부딪치는 모든 일에서 개인적 상심만 억측하는 성향이 너무 강한 것은 아닌가? 우리가 상처 입었다고 알고 있는 우리의 확신에 의심스러운 데는 없는가? 어쩌면 육체적 또는 심리적 피로만으로 분노로 이어지는 문턱이 무너져 버린 것은 아닌가?…… 격정의 냉각은 이런 인과율적 비판을 통해 시작된다.

그렇지만 격정은 특정한 목적을 달성하기 위해, 특히 다른 사람들과의 관계와 관련된 일을 이루어내기 위해 활용될 수도 있다. 분노는 결코 관계의 파괴만 초래하지 않는다. 관계의 형성도 때로는 분노의 덕을 본다. 왜냐하면 격정은 무관심으로 반응하지 않으며 솔직할 수 있다는 것을 신호로 알려주기 때문이다. 이것은 하나의 관계가 기초하는 고유한 특성이다. 반대의 경우 분노는 타인들과의 간격을 유지하기 위한 거리두기의 수단으로 이용된다. 때때로 가까움과 거리두기 사이의 관계를 관리하기 위해 계산된 분노가 필요하다. 이때 당사자는 계측할 수 없는 것의 영향권을 넘어서거나 자신에게 너무 가까이 접근하는 것을 조심하게 된다. 거꾸로 분노는 의심의 여지없이 현존 관계의 쇄신을 위한 수단으로도 쓸모가 있다. 왜냐하면 분노는 정체된 구조를 근본적으로 뒤흔들고 새롭게 규정할 수 있기 때문이다. 물론 그 구조를 완전히 파괴할 수도 있는 위험을 대가로 치르기도 하지만 말이다.

격정을 다루는 다양한 요령들은 분노가 주체의 내면에 분출할 때만이 아니라, 상대의 분노로 인해 주체가 수동의 입장에 놓일 때도 적용될 수 있다. 그런 요령들이 분노를 잘게 나누고, 분노를 뒤로 미루거나 분산시키며, 자기 자신의 처분을 결정하는 것이다. 분노의 분출을 유도하고 '정화된 공기' 가운데서 타자에게 접근하는 통로를 더 잘 발견하기 위해 타자의 분노를 받아들이고 그 폭발을 피하지 않는 가능성도 있다. 또는 분노의 방향을 반대쪽이나 다른 쪽으로 돌리거나, 보상을 찾아보거나, 보존 조치를 취하거나, 승화를 자극할 수도 있다. 외부로부터의 조망은 분노에 휘말려드는 것을 막아주고, 인과율적 비판은 타자의 분노에 의문을 갖게 해준다. 그런 가운데 타자의 격정에 현혹되지 않는 자기강화의 힘이 명백하게 표출되는 것이다. 수동적 입장에서도 격정은 타자와의 관계를 해체하거나 형성하며, 그 관계를 통제하거나 새롭게 규정할 가능성이 있다. 그런 가능성 중의 하나가 대화로의 이행이다. 격정을 드러내기 위해서가 아니라 충동을 하나의 연관을 위해 생산적으로 투입하기 위해, 솟아오르기 시작하는 격정을 대화로 옮기는 것이 그것이다. 그때마다 이 가능성들 중 어떤 가능성을 이용할 것인가 하는 것은 영리한 선택의 문제이다. 이에 대한 예비를 위해 요령들 중 몇 가지를 습득하고 그 요령들을 실행함으로써 경험을 쌓을 필요가 있다.

분노를 얕잡아보는 것은 실수라고 할 수 있다. 분노를 무시하는 것도 또 다른 실수이다. 분노는 자기가 줄곧 '선량'한 것을 방해하는 가시이다. 이것을 받아들이는 것은 자기경멸의 한 징후라고 할 만하며, 분노는 인내하기 어려운 일에 맞서 행동을 취하기 위해서도 포기할 수 없는 정서이다. 이때에는 자신에게 직접적으로 관련되는 일뿐만 아니라, 다른 이들에게 일어나는 일들도 중요하다. 이넘이나 쾌락 외에도 분노가 개인들로 하여금 자신을 벗어나 자신 위로 뻗어나가게 해준다. 또한 분노는 자기 자신과 맞서게 해준다. 살아내기 위해 분노는 자기를 표현할 수 있는 형식들을 필요로 한다. 그러지 않으면 분노는 극단에까지 나아가 공허한 동기에서 마지막 결과들을 끌어내는 경향이 있다. 많은 문화에는 전통을 바탕으로 분노를 표현하기 위한 풍부한 표정술이나 몸짓 같은 형식들이 마련되어 있다. 삶의 기술의 주체는 이런 표현 형식들을 스스로 선택하고 가다듬는 것을 자신의 과제로 생각하며, 분노를 다루는 형식들을 훈련하는 것 역시 자신의 과제로 생각한다. 그러나 분노가 모순에 의해 점화되는 한, 분노를 원만하게 조절할 수 있는 다른 가능성들도 여전히 존재한다.

모순을 다루는
반어의 기술

반어反語와 아이러니의 여러 형식들은 모순을 안고 있는 삶의 기술에 유익하다. 서로 일치할 수 없는 관심들 사이의 모순이건, 일치하지 않지만 공존할 수밖에 없는 입장들 사이의 모순이건 말이다. 수준 높은 이념과 적나라한 사실성 사이의 모순, 폭넓게 영향을 미치는 계획들과 그것에 거슬리는 관계들 사이의 모순, 자신과 타자 사이의 모순, 자신과 세계 사이의 모순 등등. 이 모든 경우에서 반어는 모순들이 서로 적의를 품고 서로에게 접근하는 상황에서 벗어나고, 화해할 수 없는 모순들 사이를 지배하는 궁지에 결코 머물지 않으며, 설령 모순들이 그대로 있다 할지라도 더 이상 모순들에 위협받지 않는 달라진 상황을 형성할 수 있게 해준다. 이때 모순들은 부정되거나 지양되지 않으며, 오히려 모순들의 다툼은 반어적 미소나 큰 웃음이 퍼질 수 있는 공간으로 분산된다.

이처럼 반어는 일종의 거리두기의 기술이다. 내면적 모순으로 인해 찢기지 않기 위한 주체 자신의 내면적 모순으로부터 거리를 두는 기술 말이다. 또한 모순된 요소들을 거리두기로부터 상호 중재하기 위한, 그러나 키르케고르Søren Kierkegaard, 1813~1855가 말한 것처럼 "한층 높은 일치 가운데가 아니라, 한층 높은 어리석음 가운데" 중재하기 위한 외적 모순들로부터 거리를 두는 기술이다. 주체는 '계속되는 삶의 연관이라는 사슬에 묶인 구속으로부터 벗어난다. 그럼으로써 우리는 반어를 사용하는 자에 대해서도 그가 벗어났다고 말할 수 있다'는 사실이 반어가 제공해야 할 해방의 쾌감이다. 여기서 비록 허구일지라도 외부의 입장을 취하는 것이 적합하다는 사실이 새삼스럽게 분명해진다. 사물들이 있는 그대로이기를 선호하고, 편협하게도 다르게 존재하는 것을 거부한다 할지라도 말이다. 외부로부터의 시선을 통해, 사실적인 것의 진지성이 전적으로 지배하는 협소하고 고정된 관계들이 상대화된다. 거리두기를 통해 관계들로의 복귀가 가능해진다. 또한 자기 자신에게로의 복귀도 가능해진다. 이런 복귀를 통해 반어는 성찰의 행동양식과 유사하게 보이고, 철학과 밀접한 관계를 맺는다. 모든 것을 조망하고 '모든 조건들을 무한히 얕잡아보며 자기 자신의 예술, 덕목 혹은 천재성조차 하찮게 여기는' 정서가 반어를 통해 찬양되는 것은 우연이 아니다. 반어에서 지식과 삶의 기술이 만난다. 반어는 '삶의 기술의 의미와 학문적 정신의 합일'이기 때문이다. 그리고 프리드리히 슐레겔Friedrich Schlegel, 1772~1829이 확신에 차서 제기했듯이, 반어의 '본래의 고향'은 철학이기 때문이다.

나아가 반어는 다른 것을 빛나게 하는 기술이다. 반어는 우발적이고 순간적으로 지배하는 사실성에 끝나는 것이 아니라, 전혀 다른 사실성이 될 수도 있다는 사실을 예감케 한다. 반어는 모나리자의 미소를 통해 표면에 나타나는 평온한 자기확신과 함께, 미소 띤 표정의 배후에 존재하는 지평을 전형적으로 나타내주는 다른 환상적 세계에 대한 지식을 내면에 숨기고 있는 것이다. 그리하여 사실성은 바라보는 입장의 문제가 되고, 인지의 고유한 전형을 알고 있는 시대의 문제가 된다. 확실해 보이는 것은 그만한 확신과 더불어 다르게 존재할 수도 있으며, 반어는 이런 다르게 존재함을 남몰래 함께 사유하는 것이다. 말하자면 반어는 현존하는 필연성을 전혀 변동시키지는 못하지만, 자기로 하여금 그 필연성의 강제로부터 벗어나게 하고 자유의 공간을 생각하는 거리두기 태도를 지켜준다. "반어적인 것은 더 이상 어떤 출구도 보지 못하는, 갇힌 시각의 협소함을 숨을 쉬게 하는 넓은 유희 공간으로 해방시킨다."(베다 알레만Beda Allemann, 1926~1991)

반어를 통해 깊은 이해가 표출된다. 반어가 사물과 자기의 규정적 확정을 포기하고, 대신 어떤 개념을 통해서도 정확하게 파악되지 않는 다의성과 관련을 맺기 때문이다. 그것은 배제된 것처럼 보이지만 이제는 삶의 진리를 증언하기 위해 결합된 모순들과 상이성을 가지고 벌이는 일종의 유희이다. 어느 '반어 이론'에서 언급하는 것처럼 '모든 의미들을 그때마다 다른 상태를 바탕으로 해서 투명하게 만드는 것'에 성공할 경우, 모든 일의적 확정을 무효화하는 다의성의 유희는 해석학에 숨결을 불어넣는다.

때때로 이것은 용어 속에 내포된 일종의 진동에 불과하다. 함께 고려하지 않으면 문자화된 용어에서 사라져버리는 이중적 의미를 암시해 보이는 하나의 제스처에 지나지 않는 것이다. 우리는 이 진술 또는 저 진술이 반어적인지 아닌지를 쉽게 착각할 수 있다. 그러나 의미를 가지고 벌이는 유희를 우선 해명해야 한다면, 반어의 효과는 사라지고 만다.

반어는 이제까지 비밀리에 존재했던 모순성과 한결같지 않음을 넌지시 연상시키는 암시의 반어일 수 있다. 눈 한번 깜박거리는 것으로 자신의 입장과 모순관계에 있는 다른 입장이 이해되고, 두 입장의 정당성 요구가 결정되지 않은 채 유지된다. 또는 다른 입장을 과장되게 묘사하고 그것의 근거 없음을 증명하기 위해 겉으로만 다른 입장을 받아들인다. 또 다른 변주는 열등한 겉모습을 하고 우월함을 과시하는 것이다. 즉 과소평가의 반어이다. 본래 그리스의 개념 정의가, 특히 소크라테스의 반어가 이런 반어 유형을 대표한다. 이 반어는 하찮은 척하기, 우둔함의 화신으로 등장하고, 우월함의 망상을 주저 없이 다른 사람에게 넘겨준다. 겉으로 드러날 정도로 지나치게 의기양양할 필요가 없는 이 반어를 통해 자기강화의 힘이 표현된다. 자기는 이 반어를 자신에게로 향하게 할 수도 있다. 그리하여 자기가 자기반어를 통해 밖으로부터 타자의 눈으로 자신을 관찰하고, 먼 거리에서 그때마다 동질성을 취소하는 고유한 다의성을 발견하게 되는 것이다. 또한 뭔가를 변화시키지는 못하면서도 자신의 모순과 허약함, 공허함을 반어적으로 내보이게 된다.

삶의 기술은 이용 가능한 온갖 형식의 반어를 활용한다. 수사학적 반어라는 잘 알려져 있는 형식은 연설, 대화, 저술에서 말을 가지고 벌이는 유희를 통해 표현되는 간결한 진술의 반어이다. 이 반어에서 발견되는 섬세한 암시에서 반어적 요소의 우월성을 찾아볼 수 있다. 이와는 달리 상스러움과 직접성에 가세하는 것은 조롱거리가 된다. 슐레겔의 개념어인 시적 반어는 개별적인 반어적 진술뿐 아니라, 작품 전체의 반어를 뜻한다. 이 반어에서는 예술 유형과는 관계없이 작품의 구조에 내포되어 있는 반어로서 작품 자체가 풍자된다. 그러나 실존 자체가 반어적 작품이 될 때는 실존적 반어, 즉 태도와 행동방식으로서의 반어가 언급될 수 있다. 이때 우리는 문학적 변주에서처럼 기본적 구성, 그리고 반드시 그런 것은 아니지만 개별적 몸짓에서 반어를 발견할 수 있다. 삶 전체를 반어적 작품으로 만드는 반어는 삶의 형식과 삶의 양식의 문제, 삶과 세계에 대한 태도의 문제, 모순을 안고 있는 삶의 문제, 가면과 함께 벌이는 유희에 표현되는 다의성을 지닌 실존적 유희의 문제이다. 가면과 함께 벌이는 이 유희는 예컨대 자신의 가면 안에서 하나의 타자이며, 동질성에 이의를 제기한 니체가 시범을 보였던 유희이기도 하다.

주체가 스스로 가꾸는 자율적 반어는 우선 주체가 경험하는 포괄적 연관성 그리고 궁극적으로는 인간의 현존재 자체와 관련될 수 있다. 이 인간학적 반어의 형식을 통해 인간 실존의 반어, 인간의 자율적 권리 주장과 구조적 속수무책 사이의 모순의 반어가 의식된다. 인간적 공허함의 한밤중에 절망의 심연 가장자리에서 반어라고 불리는 별이 반짝이는 것은 우리의 마지막 한 가닥 희망이다. 희망의 빛이 비춰주는 유쾌함은 인간 실존의 근본적 허무에 대한 앎에서 유래한다. 인간 실존의 중요성에 대한 헛된 확신과 극단적 대조를 이루는 이런 반어에서는 인간의 실종까지도 생각해볼 수 있다. 형이상학적 반어의 형식에서는 이것이 상승한다. 그리하여 허무가 사물의 본질이라고 여기는 세계의 반어 자체가 의식되는 것이다. 형이상학적 반어를 구사하는 사람은 뭔가가 무엇 때문에 존재하는지, 반대로 더 이상 아무것도 존재하지 않는 것은 아닌지의 문제를 놓고 골똘히 생각하지 않는다. 그는 현존하는 모든 것은 다르게 존재할 수 있으며, 그러므로 사물들은 결코 궁극적 불멸성을 얻는 것이 아니라 오히려 변함없이 유동하는 가운데 있다는 확증으로 만족한다. 더욱이 그는 마지막 진리의 인식이 자신에게 주어지지 않는다는 생각에 굴복한다. 그리고 마침내 인식론적 반어로 넘어간다. 인식론적 반어는 지식 자체가 극도로 불확실하다는 지식의 반어이다. 이 반어를 사용하는 사람은 자신이 아무것도 모른다는 사실을 알고 있으며, 궁극적 확증을 갖고 있지 않다는 사실에 구애받지 않는다. 그러나 여기서 반어는 자기 자신을 풍자한다. 반어는 앎 없이는 생각할 수 없는 것이기 때문이다. 만약 이 반어를 사용하는 사람이 무지하다면, 그는 반어적일 수가 없을 것이다. 마찬가지로 그가 지식을 믿을 수 없다는 것은 가장 심오한 반어이다.

삶의 기술은 주체의 자율적 반어의 행사를 넘어 타율

적 반어, 즉 비극적 특성과 희극적 특성을 자체에 지니고 있는 운명과 역사의 반어를 잘 다루는 데도 본질을 두고 있다. 밖으로부터 와서 스스로 초래되는 이 반어는 한결같이 요구와 월권을 뒷받침하거나, 다른 경우에는 개인들로 하여금 전에는 단호하게 거부했던 사유와 행동을 하도록 부추기는 특성을 갖고 있다. 그리하여 서로 관계없는 것들이 한데 결합되고, 개별자로 하여금 모순이 살아 움직인다는 사실을 스스로 깨닫게 해준다. 이것은 마치 생애기적 또는 역사적 연관들 가운데 반어적 상황을 준비하기 위해, 음험한 슈퍼 주체가 배후에서 낄낄거리며 조종하는 끈을 잡아당기는 듯한 현상이다. 관계들이 계획했던 것과 다르게 전개된다는 사실, 개인들이 피했으면 했던 상황에 확실하게 다시 와 있음을 발견한다는 사실, 이것이 운명과 역사의 반어를 예비하는 한결같은 경험이다. 갑작스러운 전환, 모험적인 상황, 소설보다 훨씬 더 긴장감 넘치는 역사들이 이런 방식으로 이루어진다. 이 반어는 인간들이 겪어내야 하는 가장 파멸적인 참극일 수 있으며, 반대로 인간들에게 허락된 가장 멋진 향유일 수도 있다. 인간들이 홀로 삶을 이루는 것이 아니라 '사물들'도 그렇게 하고 있다는 사실, 다시 말해 때로는 악의적이고 파괴적으로, 그러나 지적이고 계획적으로 삶이 이루어질 때가 많다는 사실에 대해 인간들이 어떤 의의를 보존하는 한 그 향유는 허락된 가장 멋있는 반어일 수 있다는 뜻이다. 자율적 주체들은 이때 한낱 관중에 지나지 않는다. 그들은 비극적 반전에 깊이 감동하거나 순간의 희극을 만끽하는 것이다.

삶의 기술의 주체가 반어를 이용하는 한, 반어의 가능성은 그것의 위험성만큼이나 크다. 반어의 가능성은 모순들의 불일치성과 화해 불가능성을 그대로 놓아두고, 탈출구가 없는 상황에서도 가능한 다른 것을 파악하는 데 있다. 그리하여 반어는 개인적 견지에서는 주체의 삶의 묘약이 되고 정치적 견지에서는 자유로운 사회 공동체의 비판적 잠재력이 된다. 만약 반어의 극복이 사회적으로 노력을 기울일 만한 가치가 있는 것으로 여겨진다면, 그것은 위험한 징후라고 해야 할 것이다. 왜냐하면 그것은 더 이상 문제 삼을 수 없는 지배적 상황의 고착으로 귀결될 것이기 때문이다. 반어는 영웅적 저항을 표현하지 않는다. 그러나 언제나 말해진 것과 말해지지 않은 것의 틈새에서 지배적 요소를 조롱감으로 삼을 가능성을 나타낸다. 반어에 결핍된 파악 가능성은 반어가 가진 결정적 효과의 조건이다. 반어는 절대성의 요구로부터 뭔가를 얻어낼 수 없기 때문에, 지배적 세력의 편에서는 반어를 찾아볼 수 없다. 거기에는 기껏해야 신랄한 냉소가 지배할 뿐이다. 그런데 반어는 신랄한 냉소와는 달리 인간과 세계 안에 존재하는 공공연한 모순을 알고 있으며, 이것을 무시하지 않는 인간애를 속성으로 한다. 반어는 의심에 공간을 제공한다. 또한 다른 조건들에서는 다르게 소실되었을 수도 있는 현존하는 확신들을 위한 우연성의 역할을 부정하지 않는다. 또한 반어는 보편성의 뒷전에서 사라져버릴 수 없는 개인의 의미를 고수한다. 그렇기 때문에 키르케고르 가 보기에는 "인간적 품위에 알맞다고 할 수 있는 삶은 반어와 더불어" 시작되는 것이다. 반어적 주체는 어쩌면 낙관적일 수 없을지도 모른다. 그러나 반어적 주체는 언제나 관대한 호의를 가지고 낙관주의를 바라본다.

그렇다면 반어의 위험성은? 이 위험성은 견디기 어려운 모순들과 타협하고 그 모순들을 풍자하는 주체의 태도에 숨어 있다. 모든 것을 반어로 표현하면 어떤 현실성도 더 이상 진지하게 받아들일 수 없게 된다. 키르케고르는 처음부터 끝까지 일관된 반어에서 "현실성이 몰락"하는 것에 대해 언급한다. "반어는 무無와 함께 벌이는 무한히 가벼운 유희이다. 무 때문에 놀라게 되지 않는 일종의 유희이다." 이것은 심각한 담화를 더 이상 이어갈 수 없게 되는 결과를 낳을 수 있다. 끊임없이 아무것도 확인하지 않는 태도를 취하고, 따라서 모든 것이 해체되는 결과로 이어질 수 있는 것이다. 어느 경우든 이것은 목적 없이 그리고 계산되지도 않은 채 모든 것과 모든 사람을 향해 무분별하게 행사된 반어의 결과이다. 그러므로 미리 계산하고 까다롭게 구사하는 반어가 성찰적 삶의 기술에 해당한다. 그러나 반어의 부정적 측면을 억제하는 것이 곧 '긍정적 사유'의 강화를 의미하는 것은 아니다.

12.
부정적으로 사고하기

많은 사람들이 현대를 그리고 무엇보다 현대 이후(포스트 모던)를 위대한 반어의 시대로 생각하는 듯하다. 그러나 이런 생각이 맞는다면 이때의 반어는 아마도 무분별하게 구사된 반어를 의미할 것이다. 어쨌든 20세기 말에 해당하는 이 시대를 병적인 시대, 언젠가는 그 진상을 규명해야 할 '긍정적 사고'의 시대로 보는 것이 더 적합할 것 같다. 그 시대는 '긍정적 사유'를 매우 필요로 했던 것이 틀림없다. 그리고 관계들이 정도를 벗어나 부정적인 데로 빠져들수록 그만큼 더 긍정적으로 사고하게 된 것도 사실이다. 관련 자료에 따르면, 긍정적 사고는 '포괄적인 육체적·정신적 쾌감'에 도달하기 위한 '자기실현의 매우 근본적인 방법'이다. 아침마다 사람들은 '그날의 긍정적인 목표'를 가지고 하루를 시작하며, 그것은 '인생의 긍정적인 목표'로 확장될 수 있다는 것이다. 또한 부정적 사상은 분노와 비애만을 유발하는 만큼 '심오한 긍정적 사상'을 통해 해소되어야 마땅하다는 것이다. 결국 유쾌하지 못한 것은 모두 혐오스러운 것이고, 그것들은 오로지 내면의 긴장, 부정적 사상과 감정에 기인한다. 반면 긍정적 사유가 '부정적인 것'에 맞서 벌이는 싸움은 머리가 여럿 달린 괴물과 싸워 이긴 승전으로 묘사된다.

많은 사람들이 언급한 것처럼, 현대적 인간은 '풍족한 생활, 번영, 건강을 향한' 강력한 지향을 갖고 있다. '행복해지는 것에 대한 일종의 강박관념'을 갖고 있다는 말이다. 그러나 피할 수 없는 운명의 장난은 자기가 긍정적으로 생각하는 정도만큼 부정적인 것의 세례도 받게 되는 사태를 발생시킨다. 자신의 사고에 고착성을 가지고 자신을 그것에 내맡기는 강박관념 때문이다. 이 강박관념 때문에 매우 사소한 비정상조차 부정적인 것으로 확정해야 한다고 생각한다. 순수하게 긍정적인 세계를 만들어낸다는 가능성 없는 모험을 근거로 하여 마법으로 그런 세계를 불러내는 수사修辭만 늘어간다. 그러나 삶의 기술에는 그런 긍정의 나선을 따라 계속 올라가는 것 말고, 사고 방향의 전환이 일어나는 다른 행동방식이 준비되어 있다. 이런 방식을 통해 영리한 반전反轉명령을 실천하고 긍정적 사고 대신 부정적 사고를 유효한 것으로 만들게 된다.

부정적 사유의 강점은 긍정적 사유마저도 포괄할 수 있을 만큼 충분한 깊이로 기초를 놓는다는 데 있다. 이 부정적 사유의 방법은 원칙적으로 사물들, 관계들 그리고 인간들에 대해 최선의 것이 아니라 가장 좋지 않은 경우를 생각하는 것이다. 그런데 이런 부정적인 기본태도는 철저히 긍정적인 결과를 낳는다. 이중의 의미에서 그렇다. 우선 부정적으로 생각하는 사람은 실망을 느끼는 경우가 거의 없기 때문이다. 실망을 느낀다 해도 그저 편안하게 느낄 뿐이다. 그가 두려워하며 예감하던 부정적인 일이 실제로 일어날 경우, 그 일은 아무런 준비도 하지 않은 그를 덮치는 것이 아니며, 따라서 삶은 여전히 계속된다. 만일 부정적인 일이 일어나지 않는다면, 그것은 반가운 일이다. 여느 때라면 주목할 가치가 없었을 이 편안한 상태를 이제는 의식적으로 즐기게 되는 것이다. 이렇듯 부정적으로 사유하는 사람은 좋은 일만 확인하거나 체험하게 된다. 이와는 달리 관습적으로 긍정적인 사고를 하는 사람은 갑작스럽게 불쾌한 일을 체험할 수 있다. 이런 성찰에 대한 본보기를 우리는 칸트에게서 발견한다. 그가 생각하기에는 "매번 평범한 것만 기대하는" 사람은 "그 결과가 그의 희망에 거슬리는 경우가 드물고, 오히려 예기치 않았던 완전성으로 그를 깜짝 놀라게 하는" 이득을 얻게 된다는 것이다. 따라서 우리는 근본적으로 "삶의 행복과 인간의 완벽성에 너무 높은 요구를" 하지 말아야 한다고 그는 조언한다.

긍정적 사유와 부정적 사유의 차이는 성과에 대한 태도에서 첨예화된다. 긍정적 사유는 성과에 대한 강박관념을 불러오지만, 부정적 사유는 그렇지 않다. 성과가 노력을 기울일 만한 가치가 있는 것으로 보이지 않는다는 뜻은 아니다. 부정적 사유는 성과만을 주목하지 않으며, 패배를 두려워하지 않는 기술과 결합되어 있을 뿐이다. 또한 성과가 부득이하다 하더라도, 자기는 그 성과에 맞서 철저히 대비한다. 왜냐하면 성과는 긍정적 사고의 근본적 수용방식과는 달리 결코 '긍정적인 것'만을 수반하지 않으며, 오히려 의혹을 일으키기도 하기 때문이다. 성과를 거둔다 해도, 그 성과가 뒤집힐 가능성이 언제든지 있다. 가장 음험한 가능성 말이다. 세력의 전략상 누군가를 솎아낼 두 가지 가능성이 존재한다. 그에게 패배를 안겨줄 일반적 가능성 그리고 머지않아 그를 파멸로 몰아넣게 될 모욕적인 가능성이 그것이다. 왜냐하면 성과는 그를 거만하고 경망스럽고 불손하게 만들기 때문이다. 더욱이 실제로 성과를 거둘 수 있는 사람은 극소수에 불과하다. 그렇기 때문에 실패는 삶의 기술의 기술적 무기에 속할 뿐 아니라, 성과에 개의치 않을 수 있는 것도 그런 무기에 해당한다.

긍정적 사고 자체가 큰 성과를 낼 수 있다고 믿는 것은 일종의 오해에서 기인한다. 긍정적 사고가 삶의 성가신 모순 구조를 곤경에서 건져낼 수 있다고 믿고, 긍정적인 것만이 길을 열어줄 수 있다고 믿는다. 이런 목표를 강하게 추구할수록, 삶의 모순들에 추월당할 위험도 그만큼 더 커진다. 무엇보다 애석하게 여겨봐야 쓸데없는 나날을 예비해두고 있는 일상적 삶에서는 그런 위험이 더욱 커진다. 무엇 때문에 '삶의 기쁨'이라는 영광의 허상 아래로 그 나날들을 무리하게 밀어넣는단 말인가? 그 나날들도 다른 날들처럼 실존에 대한 똑같은 권리를 갖고 있다. 그 나날들에 관해 뭔가 긍정적인 것을 말한다는 것은 순수한 본성에 대한 그것들의 요구를 논박하는 것을 의미할지도 모른다. 마찬가지로 주체에게는 항상 '좋은 기분'을 가져야 하는 것 대신 좋지 않은 기분에 대한 권리가 어울린다. 언제나 긍정적이기만 한 것, 언제나 '그것으로 기분 좋은' 것, 언제나 만족하는 것, 언제나 이기고 '승리자'가 되는 것은 압박하고 숨 막히게 하는 뭔가를 그 자체에 지니고 있다. 따라서 우리는 반론의 여지 없이 우리의 냉소주의를 유포하는 실증적인 것의 일차원성을 벗어난 부정적인 것의 자유공간을 동경하는 것이다.

우리는 긍정적 사유에서 고대철학의 무의식적이고 진부한 재수용을 보는 듯한 인상을 받는다. 역사적으로 볼 때 자기의 긍정적 기획은 근대적 고안이 아니고, 무엇보다 에피쿠로스 학파와 스토아 학파의 삶의 기술 철학에서 다듬었던 고대 기예의 하나이다. 이것에 따르면 사물을 '긍정적' 또는 '부정적'으로 평가하는 것은 우리가 그 사물에 대해 가지는 표상의 문제이다. 그리고 이 표상은 다시 그것들이 어떻게 조정되느냐에 달려 있다. '표상의 이용'은 우리의 역량 안에 있고, 이 이용은 우리로 하여금 불확실한 사물들이 활력을 가지도록 그리고 우리가 불쾌한 경험으로 인해 압도당하지 않도록 해석하는 것을 허락한다. 왜냐하면 우리에게 일어나는 일은 압박이 아니라, 그것에 대한 우리의 견해이기 때문이다. 이런 철학은 부정적인 것은 아무것도 없다고 부단히 설득되고 어쨌든 모든 것은 긍정적이라는 암시에 굴복하는 전략과는 다른 토대에 근거를 두고 있다. 고대에 표상의 사용은 부정적 사고라는 기초를 전제로 했다. 즉 갑작스럽게 당하지 않기 위해 '불쾌한 것을 미리 숙고하기'를 전제로 했던 것이다. 최악의 경우를 각오하고 그것에 대비하는 것은 예전부터 주의 깊은 삶의 기술의 한 도구이다.

그러나 근대와 현대 이후의 긍정적 사유는 이런 전통에 뿌리를 두지 않았다. 긍정적 사유에는 철학적 개입이 결여되어 있다. 그리고 성찰적 삶의 기술의 범주에 올라 있지도 않다. 긍정적 사유의—비록 의도하지 않은 것이고 무의식적인 것이기는 하지만—역사적 관계들은 오히려 20세기의 전체주의적 역사를 연상시킨다. 긍정적으로 사고하기는 나치주의자들이 감사하며 받아들였던, 대중을 기쁘게 만들려고 사용한 '기쁨을 통한 힘'이라는 프로그램의 새로운 구호가 될 수도 있을 것 같다. 무조건 지배적인 체제 편에 들기로 약속한 사람들은 전체주의적 관계에서는 '긍정적으로 사고하는 개인들'이라고 불린다. 다른 사람들은 '부정적으로 행동하는 개인들'이다. 이들은 '극단적으로 부정적인 토론'을 통해 두각을 나타내고, 도처에서 '적대적-부정적인 기본 입장들' 또는 '부정적-적대적 연합'이 드러난다. 그러나 전체주의적이지 않은 관계들에서조차 긍정적이지 않은 사람이 처음부터 의심을 사는 일은 자주 있다. 선과 악 사이의 관례적 구분은 긍정적인 것과 부정적인 것이라는 개념의 쌍으로 대체된다. 이것은 도덕적으로 중립적이며 덜 고풍스럽게 들린다. 그러나 마찬가지로 알곡과 쭉정이를 갈라놓는 행위이다.

그들 중 몇몇은 긍정적 사고로 들어서는 입구를 발견했다. 긍정적 사고의 낙관주의를 공유하지 않는 사람은 헐뜯기 잘하는 사람으로 매우 쉽게 간주된다. 그리고 사람들이 그의 '부정적인 기본태도'를 비난하는 가운데 궁지에 몰리게 된다. 긍정적 사고 편에서는 터무니없이 그 중심인물들이 역습을 통해 '진화라는 의미의 발전 촉진'에 결정적 역할을 한다. 이런 진화는 주로 경제와 관련된 분야에서 일어나고 있는 것 같다. 지도층 인사들은 풍부한 성과를 내는 긍정적 사고를 추종하며, 자신과 동료들의 부정적 감정과 입장을, 중단 없는 승리의 행진에 대한 의구심을 당초부터 움트지 못하게 하는 '긍정적이고 자부심 넘치는' 어조로 대체한다. 사실적 사회주의 국가 사람들 역시 1989년의 역사적 전환 이후 서구 자본주의에서 지배적인 긍정적 경향을 목도하면서 생각을 바꾸지 않으면 안 되었다. 그러나 이들은 긍정적인 기본입장에도 불구하고 갈수록 관계들이 더 나빠지는 절망적인 경험을 해야만 했다. 이것은 새로운 문화와의 만남에서 첫 번째 고통스러운 교훈이 되었다. 항상 긍정적으로 사고하는 인간들은 손쉬운 먹잇감이라는 것이다. 부정적인 것이 그들 주위를 에워싸고 있는 동안, 그들은 여전히 살아 있다는 것 자체를 긍정적으로 생각한다. 그러는 사이 아무런 제지도 받지 않은 채 곤경에 빠지게 된다.

이와는 달리 부정적 사고는 성찰적 삶의 기술에도 절

대적으로 필요한 비판 능력을 보존해준다. 긍정적인 표현을 단순히 따르지 않기 위해서이다. 긍정적인 것을 맹목적으로 믿는 대신, 그것으로 무엇을 이해할 수 있게 되었는지 그리고 이런저런 것들이 누구를 위해 '긍정적'인지와 같은 비판적 질문을 제기하는 것이 훨씬 더 중요해 보인다. 이때 누구의 관심이 충족되는가? 빛을 발하는 외양을 유지하는 것은 무엇을 위해 좋은 일인가? 무엇 때문에 그렇게 순진하게 '언제나 앞만 바라보는가?' 어떤 절망감이 개인을 저항도 없이 그런 행동방식 편에 서게 만드는가? 어떤 상황이 그처럼 지푸라기라도 잡을 수밖에 없게 하는가? 이런 '긍정적 혁명'이 도처에 확산되는 것은 무엇을 의미하는가? 비판의 부정성은 삶의 형성을 가능하게 하기 위해 받아들일 수 없는 모든 것에 영향을 미친다. 현존하는 관계들로부터 양심의 가책을 빼앗아내고 가능한 변화를 예비하기 위한 비판으로서 말이다. 비판 자체에도 '긍정적'이기를 요구한다는 것은 처음부터 비판을 배제하려고 하는 것을 의미한다. 비판은 근본적으로 긍정적이지 않으며, 긍정적일 수가 없기 때문이다. 비판은 악의적이고, 음험하고, 비열하다. 그래서 비판이 그처럼 특별히 큰 영향력을 가지는 것이다. 다른 모든 것의 결과는 무해하다.

긍정적 사고를 할 경우, 그저 좋게 생각하기만 해도 매사가 잘되리라는 희망에 빠져들게 된다. 그렇다고 똑같이 단순한 부정적 사고의 비관주의가 그런 단순한 낙관주의에 대한 대안이 될 수는 없다. 부정적 사고는 오히려 지나치게 부풀어오른 희망에 거리를 두는 것을 보장하는 쾌활한 회의懷疑에 전력을 기울인다. 부정적 사고의 바탕에 놓인 것은 체념의 태도가 아니다. 눈에 띄게 긍정적인 인상을 보이고, 선善의 최종적 승리를 더 이상 막을 수 없다는 사실을 믿게 만드는 모든 것에 맞서는 신중함이 그 바탕을 이룬다. 이런 신중함이 사유에 필요한 공간을 마련해주며 개인들이 긍정적 평가에 따라 현존하는 호의의 바다에 빠지는 것을 막아준다. 그런데 우리는 부정적 사고가 보편적 멜랑콜리로 이어지는 것을 두려워해야 할 필요는 없는 것인가? 그 안에 회의의 필연적 결과와 모든 삶의 기술의 종말이 보이지는 않는가?

13.
멜랑콜리,
성찰의 고통

멜랑콜리에 대해 이야기하는 것은 어렵다. 왜냐하면 멜랑콜리는 모든 관점에서 아무것도 확실하게 말할 수 없게 하는 모호한 어떤 상태이기 때문이다. 다시 말해 멜랑콜리한 주체는 모든 확실성으로부터 벗어나 있다. 또한 그의 멜랑콜리는 어떤 특정한 대상과 연관되어 있지도 않다. '멜랑콜리'는 모든 문화, 모든 시대, 모든 사람에게 결코 동일하지 않다. 그것은 모두에게 같은 방식으로 인지되지 않으며, 모든 사람에게 똑같은 역할을 하는 것도 아니다. 이런 경험의 역사를 서술하는 멜랑콜리의 문화사의 시도들은 시사하는 바가 많다. 이런 시도들은 회의가 멜랑콜리를 유발하는 것은 아니라는 사실, 오히려 인간의 욕구가 극단으로 내몰리고 그것 때문에 울음이 터져나올 때면 언제든 멜랑콜리가 유발된다는 사실을 알려준다. 맹목적 실천주의가 실존의 유일한 기준이 되는 한편 모든 활동으로부터 퇴장하는 것이 매력적인 선택사항이 되는 곳, 다시 말해 긍정적 사고가 전력을 다해 부정적인 것을 완전하게 경험하는 곳, 즉 죽음을 사라지게 만드는 한편 죽음으로의 접근이 탐색되고 장려되는 곳에 멜랑콜리가 유발된다는 사실을 보여주는 것이다. 자만의 시대에 뒤이어 멜랑콜리의 시대가 온다. 이 멜랑콜리의 시대는 어쩌면 지하의 흐름으로서 이미 표면에서의 승리를 동반하고 있는지도 모른다. 멜랑콜리가 다른 것과 바꿀 수 있는 것이 아니라고 입증되는 순간, 희망의 크기조차 결국 멜랑콜리의 범위만을 환기시키고 만다. 이것이 맞는 말이라면, 역사 가운데 보편적 행복에 대한 사라져버린 현대의 희망들이 남긴 진공眞空의 소용돌이가 상당한 외연外延을 가진 멜랑콜리의 시대를 초래한 셈이다. 시간을 통해 엄청난 추진력을 실행해온 문화에서 멜랑콜리는 삶이 아직은 공간에 숨겨져 있던 다른 문화에 대한 회상이기도 하다. 그렇다면 멜랑콜리는 시간의 지배적 문화 한가운데에 있는 이런 공간 문화의 반향과 다르지 않을지도 모른다. 자기의 내면 공간에는 이런 다른 문화가 계속 살아 있었다. 외부에서 내부로 바뀐 이 공간에 내면성이 깃들어 있는지도 모른다. 그리하여 그 공간은 그만큼의 주름살을 남길 것이다. 멜랑콜리가 깃들어 있는 이 주름은 다른 문화로 떠나보낸 적이 없는 인류의 유년기에 대한 회상일 수도 있고, 개인들의 유년기에 대한 회상일 수도 있다. 왜냐하면 어린아이는 시간이 존재하지 않는 공간에서 살고 있기 때문이다. 어린아이는 자란 다음에야 비로소 그 공간을 떠나게 된다. 이처럼 멜랑콜리는 잃어버린 공간에 대한 잔잔한 비애, 질주하듯 빠르게 흘러가기를 멈추지 않는 시간에 대한 울음일지도 모른다. 이 현상은 '시간 의식의 장애'라는 진단소견을 얻는다. 그러나 이에 대한 근거는 멜랑콜리에 사로잡힌 사람은 시간 안에서 살 수 없다는 것뿐이다.

이런 가운데 삶의 기술로부터의 이탈이 읽힌다. 삶의 기술이 시간을 잘 다루는 것, 경험할 수 있는 것처럼 세상에서 올바른 길을 찾고, 삶 자체의 주도권을 잡고, 삶을 의식적으로 이끌고, 영리하게 반응하며, 낱낱의 분수를 찾아내어 과잉에 빠지지 않음으로써 커다란 비애가 펼쳐질 공간이 당초부터 생겨나지 않게 하는 것이라고 이해한다면 말이다. 삶의 기술은 삶의 의미를 발견해내려고 애쓴다. 이것은 단순한 '의미'가 아니다. 삶의 기술은 절대적인 것에 대한 욕망을 알지 못한다. 때때로 확고하게 자리를 잡는 열광조차도 씁쓸한 환멸로 끝나지 않도록 주체에 의해 적절하게 조정된다. 삶의 기술의 주체는 멜랑콜리에 빠진 사람처럼 참된 삶을 추구하는 과정 중에 있지만 궁극적 진리에 대한 요구를 결부시키지 않으며, 대단한 행복을 기대하는 희망에 대해서는 회의적이다. 삶이 덧없고 무상하다는 것은 그의 시각으로 볼 때는 실존의 기본조건에 해당한다. 그리고 죽음은 여전히 삶의 기술에 속하는 삶의 극단적 순간으로 파악된다.

삶의 기술이 모순들과 더불어 살아가려고 한다면, 멜랑콜리는 오히려 모순들 때문에 겪는 고통이다. 멜랑콜리에 빠진 사람은 주체의 자기강화와 자신의 삶의 실행 요구에 관련된 것을 의심할 나위 없이 가소롭다고 여긴다. 그런 요구의 주제넘음을 확신하는 것이다. 그리고 자기연마의 노력을 부질없는 일이라고 생각한다. 그는 소심한 근심에 가득 차 있다. 그리고 다른 근심, 그러니까 영리한 근심에는 관심이 없다. 그런 근심은 그에게는 부질없어 보이기 때문이다. 무엇 때문에 자기 자신을 염려해야 한단 말인가? 무엇을 위해 삶을 형성해야 한단 말인가? 삶의 기술에서는 자신의 삶에 무심할 수 없다는 데 대한 극단의 논쟁이었던 죽음이라는 한계가 여기서는 정반대로 모든 행위의 무의미성에 관한 논쟁으로 빠져든다. 해석 작업도 정지된다. 우리가 무엇을 위해 사물에 '의미'를 부여해야 한단 말인가? 멜랑콜리에 빠져 있는 사람에게는 모든 것이 사물 자체가 전하는 의미에 달려 있다. 그러나 급히 달아나는 시간 속에서 사물들은 아무 말도 하지 않는다. 그렇게 세계와 그 세계 안에 있는 모든 것이 무화되고 마는 것이다. 멜랑콜리에 빠진 사람은, '엄밀하게 생각하지 않고', 감각의 섬세함에 균형을 맞추기 위해 거친 것도 끌어들이고, 일을 '좀 더 쉽게' 만들고, 무엇보다 어렵고 복잡한 상황에서 일을 다루기 쉬운 차원으로 되돌리기 위해 표면적이고 파악하기 쉬운 평범함에 머물고자 하는 삶의 기술의 요령을 포기한다. 그는 모든 것을 정확하게 알고자 하며, 모든 뉘앙스의 실체를 규명하려 한다. 그에게는 모든 사물이 매우 진지하고 중요하다. 그리고 그는 그 사물들을 자기 자신과 매우 진지하게 연관시킴으로써 그것들에 대해 마치 자기 자신의 일처럼 괴로워한다. 그래서 사물들에 주어진 것보다 훨씬 더 큰 비중으로 무게를 두는 '과대망상증'이라는 의학적 진단도 내려지는 것이다.

그러나 멜랑콜리와 삶의 기술 사이의 관계는 이런 대칭에서 끝나는 것은 아니다. 멜랑콜리는 단순히 삶의 기술에서의 이탈로만 해석되지는 않는다. 오히려 상황을 반대로 조망해 멜랑콜리의 관점에서 삶의 기술의 좌초를 체험하고, 다른 의미에서 그것의 '중지'를 체험하는 것이 중요해진다. 사실 실존을 예술작품으로 만들고자 하는 대담한 시도는 언제나 패배로 끝나게 되어 있는 것 아닌가? 그것에 힘이 미치지 않는다는 사실에 자기가 만족할 수밖에 없다면, 삶을 작품으로 만들고자 하는 초인간적 노력은 무엇을 위한 것인가? 멜랑콜리가 확인하고 멜랑콜리 자체가 표현하는 삶의 기술의 배제는 진지하게 받아들여질 경우 삶의 기술 자체의 범위 안에서도 의미를 지닌다.

왜냐하면 이런 배제는 삶의 기술의 좌초 지점을 드러내고, 바탕에 깔려 있는 근거 없음의 경험을 전달해주기 때문이다. 삶의 기술의 기초가 매우 표면적이어서 자신의 바탕 없음을 부인하는지도 모른다. 삶의 기술이 더 깊이 기초를 닦기 위해서는 비극적 의식이 필요하다. 그러므로 삶의 기술은 멜랑콜리를 포기할 수 없다. 그다음에도 여전히 남아 있는 것은 그 성공에만 희망을 걸지 않으며 완벽한 작품을 실현하려고 시도하지 않는 삶과 자기의 형성이다.

삶의 기술의 주체에게 멜랑콜리의 의미는 '골똘히 생각함'이다. 골똘히 생각함으로써 자신에게 성찰적 거리를 취하고, 스스로에게 낯설어지고, '정체성'으로 생각했던 것의 붕괴를 경험하고, 습관적으로 살면서 삶을 그냥 흘러가도록 내버려두는 자명함을 벗어던지게 되는 것이다. 성찰의 고통을 절감하게 하는 것, 모든 것의 흔들리는 근거를 알고 자기의 미로와 같은 근거 없음을 인식하는 바닥없는 슬픔이 바로 멜랑콜리의 특성이다. 멜랑콜리에 빠져 있는 사람은 자신과 일치를 이루지 못하고, 정체성의 이런 독특한 기준을 충족시키지도 못한다. 그는 끝없는 담론을 늘어놓는 대신 근거들을 실존적으로 탐색한다. 그러면서도 규명의 헛됨을 알고 있다. 결국 그는 자신이 하고 있는 말, 자신을 향해 던져진 말을 이해하지 못한다. 대신 그는 꿈을 꾸기 시작하며, 순수한 사유를 포기하고 실존적 심사숙고로 변화시키기 시작하는 것이다.

삶의 기술로부터의 이런 이탈은 삶의 기술의 중요한 요소 중 하나이다. 삶의 기술은 그렇게 함으로써만 근본적으로 습득될 수 있기 때문이다. 다시 말해 삶의 기술은 자기강화를 비웃는 무력감의 경험에서, 세계와 잘 지내지 못하는 막연한 세계고世界苦의 체험에서 습득될 수 있기 때문이다. 무엇을 위한 삶의 기술인가? 이것을 얻기 위해 애써야 할 절대적이고 부득이한 이유는 없다. 삶의 기술은 개인의 선택에 의해서만 조성될 수 있다. 그리고 삶의 기술은 모든 근거들이 근본적으로 얼마나 깨지기 쉬운지, 마지막 목표의 형성이 얼마나 헛된지, 어떤 무의미성이 인간적 실존의 속성을 이룰 수 있는지 그리고 발밑의 토대가 언제든 사라질 수 있다는 사실에 대한 깨달음에만 근거할 수 있다. 여기서 논쟁적 의미의 '근거들'은 무력하다. 그 근거들은 예로부터 실존의 멜랑콜리에 먹혀들지 않았다. 모든 것과 모든 사람의 형상화 가능성에 대한 요구의 주제넘음은 이런 방식으로 발생하고, 그것은 영리함이 요구하는 주제넘음의 금지를 상기시킨다. 그리하여 근본적 통찰이 중요성을 얻게 된다. 그 한계성과 함께 형상화 작업을 하는 것이 모순으로 보일지도 모른다. 그러나 모순성이라는 기본구조가 왜 삶의 기술 자체의 근본 문제에서 무시되어야 한단 말인가?

멜랑콜리를 거부하지 않는 삶의 기술은 일단 작품 안에 투입되고 나면, 절대적으로 안전한 토대를 보장하지 못한다. 멜랑콜리는 심연 둘레의 정원에 자리하기 때문이다. 설령 멜랑콜리가 내면적으로 평온이나 원숙함, 조화(우울증과 관련해서 말한다면 '체액'●의 균형 잡힌 혼합)와 동일시된다 하더라도, 멜랑콜리는 자신의 바탕인 심연을 부정하지 않는 것을 통해 가장 이르게 이것들을 얻을 수 있을

● 그리스어 멜랑콜리아melancholia는 검은색을 뜻하는 melan과 담즙을 뜻하는 chole의 합성어로, 기원전 5세기 말 히포크라테스의 저술에 처음 등장한다. 그는 본래 인간의 체내에는 담즙과 점액이라는 두 종류의 체액이 있는데, 그중 어느 한 체액이 지나치게 많아지면 인간의 행동이 그 체액의 영향을 받는다고 했다. 특히 담즙 가운데 검은색 담즙이 많으면 우울하거나 염세적이 되기 쉬운데, 이런 병적 심신 상태를 가리켜 '멜랑콜리아'라고 칭했다. 다시 말해 우울증과 체액의 균형은 밀접한 관계가 있다고 할 수 있다.

지도 모른다. 멜랑콜리가 충분히 이해되는 의미에서 표면적이라고 한다면, 그것은 오로지 '깊이 때문'이다. 멜랑콜리는 그 깊이 때문에 자기 자신에 대해 거듭 불안해하고 확고부동하게 짜인 자기 자신의 세계를 새삼스럽게 조회해볼 동기를 얻는다. 이것은 다가올 구원을 의심하지 않는다는 전제 아래 자신과 세계의 순간적인 상태에 대해 비탄하는 것이 기독교적 배경 아래에서 유용해 보였던 것처럼 근거가 불확실한 비애를 이용하는 것을 목표로 삼지는 않는다. 성찰적 삶의 기술에서는 도구화되고 말 비애가 중요한 것이 아니라, 파멸을 가져다줄 수도 있는 나락의 의식이 문제 된다. 예컨대 멜랑콜리는 '잘못된 이성적 판단'이라고 생각되지 않는다. 역사적으로 계몽주의 시대무렵에 정중하게 그러나 파괴적으로 그렇게 규정된 적도 있었지만 말이다. 멜랑콜리는 오히려 절대적으로 가능한 근본에 대한 통찰의 편에 서 있다. 즉 모든 것은 근본적으로 근거가 없다는 뜻이다. 실제적 삶의 기술은 오로지 이런 통찰의 기초 위에서만 존재할 수 있다. 니체가 말한 대로, "항상 근거를 향해 가면" 우리는 영락하게 된다는 사실을 틀림없이 알고 있는 삶의 기술 말이다.

이렇게 해서 삶의 기술은 멜랑콜리에 대해, 그것에서 영혼의 징후를 보려고 했던 해석과는 다른 태도를 취하게 된다. 멜랑콜리하고 '무관심한' 실존에서 종교적 영감을 체험했던 동방의 정교회 기독교와 달리, 서구의 로마-가톨릭이나 신교의 입장이 그러했다. 멜랑콜리로 도피하는 것은 서구 기독교 역사에서는 구원을 향한 추구의 거부로 해석되고, 성경을 거스르는 용서받을 수 없는 죄악으로 여겨진다. 우울한 영혼들은 구원받을 수 없을 것처럼 보였고, 근본적으로 위로할 수 없는 존재로 여겨졌다. 하느님의 임재에 대한 환호는 모든 환호들이 그렇듯 우울한 영혼들에게는 어리석어 보였기 때문이다. 그러나 신적 완벽성에 대한 기독교적 동경이 구제할 길 없는 세계의 비애를 비로소 제대로 느낄 수 있게 해주었다. 비애는 완벽을 추구하려 애쓰는 자를 엄습한다. 그는 신과의 합일을 동경하면서 실존의 불완전성을 느끼는 것이다. 결국 기독교 자체가 구원받은 세계에 대한 전망을 통해 역사적 기준에서 멜랑콜리를 촉진한 것으로 생각된다. 왜냐하면 멜랑콜리도 근본적으로 똑같은 꿈을 꾸고, 동시에 그 꿈의 대체 불가능성을 알고 있기 때문이다. 바로 이 점이 멜랑콜리를 위로할 수 없게 한다.

멜랑콜리는 서구의 역사에서 결코 환영받지 못했다. 기독교에서 그랬고, 세속적인 현대에서도 그랬다. 현대에서 멜랑콜리는 그것의 '현실 경멸', '세계의 합리성에 대한 통찰의 결여'를 이유로 일련의 이념적 논쟁에서 함부로 다루어지는 대상이 되었다. 멜랑콜리에는 진보에 대한 믿음이 결여되어 있었다. 멜랑콜리는 그런 목표를 이루겠다는 '강력한 의지'에 대한 무관심을 공공연히 드러내 보였던 것이다. 학문의 세계에서도 멜랑콜리는 높이 평가받지 못했다. 모든 것을 의심하면서 '지식'의 낙관주의에 동참하지 않았기 때문이다. 20세기 말엽부터 멜랑콜리는 '우울증'이라는 질병으로까지 여겨졌고, 이 질병을 물리치기 위해 일단의 치료사들이 노력을 기울이고 있다. 사람들은 멜랑콜리를 '치료'하려고 하면서, 초기 기독교 저자들이 멜랑콜리에서 보았던 '재앙'을 세속적 수단을 통해 이겨 내려고 하는 것이다. 그래서 근대 말 멜랑콜리의 개념을 있는 그대로 재발견한 일은 모든 '우울증을 보이는 사람들'에게 치료의 폭거에 대항하는 구원의 일격으로 여겨졌던 것이다. 이때부터 멜랑콜리에 대한 담론이 새롭게 터져나왔다. 이것은 심하게 낙관적인 보편적 정보와 소통의 문화에서 멜랑콜리를 이 세계의 무상함에 대한 의식으로 다시금 끌어올릴 필요성을 제기해주는 것처럼 보인다. 광적인 긍정적 사고의 세계가 부정적인 것의 마지막 보루를 향해 외치고 있는 것이다.

성찰적 삶의 기술은 멜랑콜리를 치료하려고 하지 않은 채 자신 안으로 받아들인다. 삶의 기술은 다른 기술과 마찬가지로 실존적인 기술로, '치료'하기 위해서가 아니라 생기 있게 만들어주기 위해 멜랑콜리에 뭔가 기여해야만 한다. 이것에는 예컨대 에로티시즘의 기술이 한몫을 한다. 그러지 않아도 멜랑콜리에 대한 표현들은 눈에 띄게 에로틱한 상징들로 채워져 있다. 왜냐하면 멜랑콜리를 위로해줄 수 있는 유일한 것이 그것이고, 멜랑콜리한 주체는 마지막으로 에로티시즘을 통해 현존재의 매력과 자극을 얻기 때문이다. 유명한 〈문제들, 30의 1Problems XXX, 1〉*을 쓴

---

* 아리스토텔레스 또는 그의 측근이 쓴 것으로 추측되는 저자 불명의 미발표 단편집 《미발표 문제들Problemata inedita》에 실린 단편 중 하나. 의학, 음주, 성교, 피로, 음악, 공포와 용기, 정의와 불의 등 여러 분야에 관한 262개 문제를 다루고 있다. 이중 30의 1번은 담즙(즉 멜랑콜리아)과 관련된 문제를 다루고 있다.

아리스토텔레스 학파 저자는 멜랑콜리에 빠진 대부분의 사람들이 "관능적"이고, 타인의 품안에서 느끼기를 바라는 온기에 대한 동경으로 가득 차 있으며, "그것이 식어버리기 때문에" "그 후에" 정말로 기분이 언짢아진다는 사실을 알고 있었다. 아마도 이것이 에드워드 호퍼의 〈철학으로의 소풍〉에 등장하는 한 쌍의 인물의 상황일 것이다. 포옹 후의 공허함이 가져다주는 멜랑콜리 말이다. 오직 에로티시즘의 기술만이 헌신이 내면적일수록 그만큼 공허함도 크다는 사실, 그리고 새로운 내면성이 간격을 두고 예비된다는 사실에 익숙해지도록 해줄 것이다.

멜랑콜리는 예술과 삶의 기술을 포기하지 못한다. 표현의 길을 찾고 살아내기 위해서이다. 만약 삶의 기술이 없다면, 멜랑콜리는 절망 가운데 몰락하는 위험에 처할 것이다. 이와는 달리 삶의 기술이 더해질 경우, 멜랑콜리는 더욱 멜랑콜리해지는 것이 허락되는 틀을 비로소 얻게 된다. 자기가 외적 근거를 가지고 자신의 내적 상태를 바라볼 수 있기 때문이다. 이로써 멜랑콜리는 그 불명확성에서 어느 정도 벗어나고, 완전하고 감각적인 충만함을 경험할 수 있게 된다. 주체는 이제 타락하지 않는다는 확신 가운데 멜랑콜리에게 온전히 자신을 맡길 수 있으며, 눈물이 멋대로 흐르도록 내버려둘 수 있다는 감미로움을 만끽할 수 있게 된다. 삶의 기술에 대해 의미를 지니며, 멜랑콜리가 일반적으로 거리를 취하고 있는 또 다른 기술이 문제 된다. 웃음의 기술이 그것이다. 멜랑콜리에 빠진 사람은 씁쓸하게 미소를 지을 뿐이다. 웃음은 그에게 파렴치해 보인다. 이외에도 웃음은 실존에서 그를 위협한다. 왜냐하면 웃음은 막혀 있는 '체액'을 다시 흐르게 하기 때문이다. 그러나 이런 유보는 성찰적 삶의 기술에서 늘 언급되는 잘못된 추론에 기인한다. 왜냐하면 울음이 멜랑콜리의 '가장 음울한 감정'에 신세를 지고 있는 것처럼 웃음이 '장밋빛 감정'에 기인하는 것은 아니기 때문이다. 삶의 기술의 웃음은 오히려 멜랑콜리의 울음처럼 근거 없음에서, 어두운 근본들에서 나오며, 자기와 세계의 모습들 위에 쏟아부어진다. 웃음은 남몰래 완벽한 세계를 꿈꾸지 않는다. 그러나 멜랑콜리가 단순히 고통 어린 상태 이상이어야 하고 의식된 태도로 바뀌어야 한다면, 멜랑콜리는 자신을 철학적 삶의 기술의 구성요소로 만들어주는 쾌활하고 의젓한 형식을 취할 수 있을 것이다.

14.
불안으로부터의 자유,
마음의 평정

마음의 평정이 넓게 펼쳐지면 곧바로 멜랑콜리의 한가운데에서 삶의 기술이 다시 작동한다. '다른' 현대의 문화에 대한 이 마음의 평정의 윤곽은 철학사에서 찾아볼 수 있다. 마음의 평정의 태도는 에피쿠로스 학파나 스토아 학파의 '불안으로부터의 자유', 즉 아타락시아Ataraxie로 거슬러 올라간다. 이것은 당황과 흥분, 소음과 아우성, 두려움과 놀라움으로부터 자유로운 태도이다. 영혼의 단단한 결속, '영혼의 견고함'을 통해 비로소 생성되는 마음의 평정은 마침내 '한결같은 영혼을 가지고' 어려운 상황을 견뎌낼 수 있으며, '침착성'에 이르게 된다. 이것은 냉정하지는 않더라도 격앙하지 않으면서 열정이나 자의적 격동에 얽매이지 않음을 의미한다. 침착성은 영혼의 우유부단한 망설임에 반대되는 성향이다. 그런 영혼 안에는 모순적인 것이 틀림없이 공존할 수 있다. 그렇지만 그 모순들이 균형을 맞추어 내면의 균형에 기여할 수 있는가 하는 것이 결정적 문제이다.

마음의 평정은 그것이 지닌 고대의 형태에 비추어보면, '다른' 현대에서는 삶의 기술의 상징, 자유와 권력의 유희의 포기할 수 없는 값비싼 담보가 될 수 있다. 내면에서 평온하게 쉬고 있는 균형 잡힌 자기는 실제로 자유로운 주체이다. 왜냐하면 이 자기는 타자의 권력 또는 익명의 연관에 자신을 맡기지 않으며, '자기 자신에 대해 가장 큰 힘을 소유'하고, 세네카가 "영혼의 평온"이라고 서술하고 있듯이 스스로 자기 소유가 될 수 있는 위치에 가장 먼저 자리하기 때문이다. 이런 상승된 자기소유와 자기강화의 도움을 통해, 적대적인 것, 악의적인 것, 고통스러운 것 그리고 불쾌한 것을 태연히 받아들일 수 있다. 쾌적한 것과 즐거운 것도 받아들이지만, 고통스럽고 불쾌한 것을 받아들이는 경우에는 힘들이지 않고도 쉽게 풀려날 수 있도록 흥분이나 집착 없이 한다. 그리고 이 침착한 수용은 마침내 변화 가능하며 덧없는 것에까지 이른다. 그러지 않아도 사물들의 변화 가능성을—유일하게 지속적인 것은 변화이다—함께 고려해야 하기 때문에 개방적 태도를 취하는 것이 중요하다. 그러나 이를 위해서는 불시에 닥치는 변화조차도 침착하게 바라볼 수 있는 영혼의 의연함도 필요하다. 마음의 평정이 불안으로부터의 자유로움에 기인한다 할지라도, 그것이 마지못해 정적주의靜寂主義에 지배받거나 불안과 변화를 염려할 수도 있는 예기치 않은 사건을 배제하지는 못한다. 오히려 마음의 평정은 예기치 않은 사건에 대해 개방적인 성향을 지니며, 그로 인해 매우 다양한 사건들을 정당하게 평가할 수 있다. 마음의 평정은 풍요로운 경험과 더불어 성장한다. 주체가 세계와 소통하는 가운데 내적 그리고 외적 연관의 관점에서 풍요로운 경험을 습득한 결과, 주체는 많은 것을 알고 그것을 다룰 줄 알게 되는 것이다. 주체는 더 이상 전면에 나설 필요가 없다. 주체는 포기하거나 질 수도 있다. 그렇다고 해서 주체가 훼손당하는 일은 없기 때문이다. 자신의 실패를 태연하게 감내하는 것은 그의 삶의 기술의 한 요소이다. 그의 자기강화는 한층 더 깊이 기초가 잡히고, 두려움이나 시기 때문에 감시받을 필요 없는, 편안히 쉬고 있는 핵심을 자신 안에 지닌 자기의 일관성으로부터 나온다.

사물들과의 관계에 대한 외부로부터의 시선—이것은 반어와 근친관계를 이루는 것이다—은 마음의 평정에 속한다. 이를 통해 그것들의 의미 또는 무의미를 더 잘 인식할 수 있으며, 그것들에 더욱 신중하게 반응할 수 있다. 외부로부터의 시선을 통해 마음의 평정은 인상의 직접성에 거리를 두게 된다. 그 인상들이 여전히 폭력적이든 매혹적이든 주체를 우울하게 하든 상관없이 말이다. 여기서 무관심이나 소홀한 태도가 발생하지는 않는다. 오히려 인내하는 태도가 생긴다. 인내는 굴종을 의미하지 않는다. 비굴한 태도가 아닌 것이다. 오히려 긴 호흡, 성숙해질 때까지 기다리는 능력, 자기 자신이나 타인들이나 사물들에게 때가 찾아와 유리한 형세가 조성될 때까지 시간을 허락하는 능력을 의미한다. 알맞은 순간을 허락하고 그 순간을 위해 버틸 의향이 있는, 우연을 기다리는 능력을 의미하기도 한다. 이렇게 해서 그 우연이 고정되고, 우연이 그것 없이도 그럭저럭 꾸려나가기를 희망하는 주체의 매끄러운 표면에서 떨어져 나가지 않게 되는 것이다.

　몽테뉴는 외부로부터, 다시 말해 자신의 탑 꼭대기에서부터 세계의 사물들과 자기 자신 위로 던지는 성찰적 눈길의 평정을 체현한다. 그는 자신의 열정과 허영심을 관대하게 그냥 내버려둔다. 그리고 다른 이들에게 각자의 방식대로 발전할 수 있는 공간을 허락한다. 그는 뜻밖에도 자신이 위험에 처할 때까지 자신에게 닥치는 일에 대해 개방적인 자세를 취한다. 그는 적대적인 것을 호의적인 것, 쾌적한 것과 똑같이 침착하게 받아들인다. 그리고 그전의 무엇도 그대로 머물지 못하게 하는 사물들의 계속되는 요동을 감수한다. 그는 실존을 규정하는 모순들에 저항하지 않는다. 근본적인 모순구조는 그에게 오히려 '자연스러운 필연성'으로 보인다. 그는 판단을 침착하게 유보한다. 우선 다툼의 쌍방이 각자 정당한 입장에 서도록 내버려두고, 진실 확인보다 더 중요해 보이는 그들의 공존Modus vivendi을 가능케 하기 위해서이다. 이런 방식을 통해 몽테뉴는 형성적 삶의 수행이 아니라 침착한 삶의 수행 편에 선 것이다. 삶을 수행하는 것은 중요하다. 그러나 타자들에 의해, 상황에 따라, 혹은 '자연'에 의해 이끌리는 것을 용납하기 위해 삶의 수행을 놓아버리는 것도 중요하다. 몽테뉴는 마음의 평정을 지니고 자신의 길을 걷는다. 다시 말해 "내가 끝도 없이 그리고 수고도 없이 계속 걸어가게 될 어떤 길에 접어들었다"는 사실을 알지 못했던 당대의 흥분한 동료들과 비교할 수 없을 정도로 긴 호흡을 가지고 자신의 길을 걸었던 것이다.

그러나 밝아오는 새 시대와 근대의 특징으로 증명된 것은 마음의 평정이 아니었다. 윤리학에서 마음의 평정은 고향을 잃어버린 잔존물로서, 예컨대 몽테뉴 이후 그나마 발타사르 그라시안Baltasar Gracián y Morales, 1601~1658의《신중의 기술El arte de prudencia》에서 물러설 여지를 발견했다. 기독교 문화에서 마음의 평정은 고대 전통의 보존이라는 메울 수 없는 심연을 견뎌내고 살아남아 마이스터 에크하르트Meister Eckhart, 1260~1328와 같은 신비주의자의 몰아지경이나 수도원의 정적 가운데 모습을 드러냈다. 그러나 고대의 평정과는 달리 기독교적 맥락에서는 내면의 평화, 세속으로부터의 은거, 평온과 정적을 찾기 위해 자신으로부터 완전히 풀려나 자신의 내면에 하느님이 역사하도록 맡기는 것에 가치가 주어졌다. 현세적인 일들을 모두 단념하고, 아무것도 염려하지 않고, 자신의 의지를 버리고, 독자적 의사 없이 하느님에게 자신의 속마음을 털어놓는 것이 중요했다. 징후의 이런 역전 속에서 마음의 평정은 시대를 거쳐 전승되었다. 그러나 마음의 평정과 하느님에게로의 귀의라는 전면부의 배후에서 서구 역사를 각인시켰던 전대미문의 주의설Voluntarismus•와 실천주의Aktivismus•를 풀어놓은 서구 교회와 달리 마음의 평정을 삶의 현실로 삼는 데 성공한 것은 동방 정교 기독교였다. 이런 인상을 받는 것이 터무니없는가?

역사의 이런 진행 속에서 자신의 구원을 탐색할 때 동반됐던 불안, 내세에서의 구원을 위한 조건들을 지상에서 만들어내기 위해 백일하에 드러냈던 열광, 다른 사상을 품고 있는 사람들과 다른 신앙을 가진 사람들이 박

• 독일의 사회학자 퇴니에스Ferdinand Tönnies, 1855~1936에서 비롯된 용어로, 세계의 본질은 의지적인 것이라고 생각하는 관념론인 형이상학설을 말한다. 심리학에서는 의지, 충동 등을 일차적인 것으로 보고 그것에 의해 일체의 심리과정이 규정되며 방향이 정해진다는 사상, 그리고 인식작용의 기저에 존재하는 의지적 활동을 인정하고 윤리의 기준으로서 지적인 것보다 의지에 우위를 부여하는 태도를 의미한다.
• 알고 있거나 생각하는 바를 실제로 행해야 한다는 주장이나 방침, 또는 이런 주장과 관련해 체계화된 이론이나 학설.

해당했을 때 마주쳤던 화해 불가능성, 이 모든 것은 마음의 평정을 증명하지 못했고, 오히려 성공적인 세속화 이후 계몽주의가 진행되는 가운데 내세의 구원 대신 현세의 구원을 실현하고자 하는 실천주의적, 주의主意주의적 태도를 불러일으켰다. 18세기가 되면 평온이나 안일, 무관심, 마음의 평정 같은 것에 대해 더 이상 아무것도 알고 싶어 하지 않는 돌진이 등장한다. '질풍노도'(슈트름 운트 드랑Sturm und Drang)의 문학에서 마음의 평정은 앞으로 돌진하는 열정에 무감각하고 냉담하며 몰이해하다는 비난을 산다. 여기에 이어, 솟구쳐오르는 열정을 누가 거부하는가 하는 정당성 증명의 압박에 놓이게 된다. 이제 마음의 평정이 아니라 노동이 새로운 시대의 주문呪文이 된 것이다. 그러나 이 노동도 자신에 대한 침착한 작업이 아니라 학술적, 기술적 수단을 통한 열광적이고 낙관적인 세계의 개조, 저항하지도 못한 채 노동의 단순한 재료가 되고 만 외적 자연의 굴복, 그리하여 마침내 현 세계에서 최선의 세계를 창조해내 내세에서만 그런 세계를 기대하지 않게 하는 노동을 의미한다.

파토스를 떨쳐버리지 못한 채 새로운 시대의 지배적

가치평가 및 건너편에서의 당당한 마음의 평정에 대해 강력한 지지 의사를 표하고 마음의 평정의 요소로서 외부로부터의 시선을 주장한 사람은 니체이다. 이렇게 해서 그는 자신의 시대의 고착화, 자신들 스스로가 확신하는 천박한 가치들과 예로부터 전해오는 선입관을 극복하고, 그런 것들에 가능한 한 거리를 취하기에 이른다. "엄청나고 당당한 평정을 지니고 살기. 언제나 건너편에서 —" 고유한 철학의 제스처 때문에 자주 부인되기도 하는 니체의 평정은 고대철학의 재수용에 근거하고 있다. 이 재수용은 자신에 대한 작업을 통해 마침내 격정과 전망 그리고 그것들의 계산된 활용과의 침착한 소통을 허락하는 자기강화에 이르기 위한 것이었다. 그는 마음의 평정을 "자의적으로 소유하거나 소유하지 않으려고" 하며, "그것의 어리석음도 그것의 불꽃과 마찬가지로 활용할 수 있기"를 바랐던 것이다.

20세기에 들어서면 하이데거가 마음의 평정을 결정적으로 세련시키고 혁신을 감행한다. 이것은 균형을 요구하는 산업과 기술의 맹렬한 전개에 대한 반작용이 확실하다. 하이데거는 우선 자제에 대해 언급한다. 자제로부터 마음의 평정이라는 개념이 싹튼다는 것이다. 또한 그는 이 개념을 통해 굳이 개인적인 상태가 아니라, 역사적인 인간 존재를 조회한다. 다시 말해 근본적인 사고의 전환을 통해 자제를 '미래 인간 존재의 양식'으로 삼아야 한다는 것이다. 그는 자기가 마음의 평정을 스스로 얻어낼 수 있다고 믿지 않는다. 마음의 평정을 생성하는 것은 오히려 먼 곳, '주변'에 관련된다는 것이다. 마음의 평정은 결정된 것을 기대하지 않으며, 우리가 배우기를 '기다리는' 곳 어디에서나 일어난다. 기다림이 '곧 평온'이다. 그리고 이 기다림은 특정한 표상과는 달리 사유의 개방성을 허락한다. 이와 함께 하이데거는 자연스럽게 극동의 성현의 가르침에 눈에 뜰 정도로 접근해 좌선坐禪 같은 것에서 마음의 평정을 얻는 방법을 찾기도 했다.•

• 하이데거는 1946년 어느 중국인 유학생과 함께 노자의 《도덕경》을 독일어로 옮기려고 시도한 적이 있으며, 노자를 통해 선불교에 심취했던 것으로 알려져 있다. 하이데거의 철학 사상과 동양적 사유의 만남, 특히 불교 사상과의 접점에 대해서는 많은 연구가 이루어졌다. 불교에서는 인간의 본질이 본능적 욕망이나 분별적 이성 그리고 맹목적 의지에 있는 것이 아니라 진여법성과 공성空性을 향한 개방 가능성인 불성에 있다고 말하고 있는데, 하이데거 역시 인간의 본질이 동물성과 이성의 기이한 합성태가 아니라, 존재의 진리 속으로 나가 서 있는 탈존에 있다고 말하고 있다. 따라서 불성과 탈존을 본질로 하는 인간은 이성을 무기로 한 지배의 화신이나 욕망과 의지의 노예가 아니라, 자신이 중심임을 주장하지 않

사실 하이데거는 기술적 현대의 도전에 대한 답변으로 마음의 평정을 제시한다. 이것은 부당함의 책임이 그에게 돌아갈 답변은 아니다. 이 답변은 기술적 세계를 향한 부정이 결코 아니며, 오히려 '긍정과 부정의 동시적' 주장이다. "기술적 세계와 우리의 관계는 놀랍게도 단순하고 평온하다. 우리는 기술적 대상들을 우리의 일상 세계로 들어오게 하고 동시에 밖으로 내보내기도 한다. 다시 말해 결코 절대적이지 않은 사물로서 그대로 놓아두는 것이다." 현대적 세계의 실천주의나 주의론과는 달리, 그리고 기술적 행위의 히스테리와는 달리, 하이데거가 사물들에 대한 방심이라고 부르는 일종의 방임 가능성은 이렇게 해서 열리는 것이다. 테크닉에 대한 자유로운 연관의 근거 설정이 중요하다. 이 근거 설정이 테크닉의 활용을 가능하게 하고 또 그런 활용을 중단할 수도 있게 해야 한다. 마찬가지로 테크닉의 의미에 대한 질문을 개방적으로 제

는 탈중심의 존재이다. 이런 인간은 존재의 진리가 발현하는 광장에 자신을 내려놓으며(마음의 평정Gelassenheit), 집착하여 머무르는 마음을 내려놓은 채, 그 어디에도 머물거나 걸리지 않는 무심의 진심인 일심으로 살아간다는 것이다. 김종욱, 〈하이데거와 불교의 만남〉,《불교평론》(2001년 12월 제9호) 참조.

기해 그것에 대한 단순한 신뢰에 지배당하지 않게 해야 한다. 하이데거는 마음의 평정의 다양한 측면들이 "우리에게 전혀 다른 방식으로 이 세계 안에 머물 수 있는 가능성을 허락한다. 그것들은 우리가 기술적 세계 안에서 위협받지 않고 존속할 수 있는 새로운 근거와 토대를 약속한다"고 말한다.

이런 견해는 그 소박함 때문에 책망을 받을지도 모르지만, 그로써 적어도 현대적인 실천주의와 주의론의 상대화라는 이념은 표현되었다. 어떤 대가라도 치를 태세인 '도모'의 몸짓, 연관들에 대해 아무런 고려도 하지 않는 '관철'의 몸짓은 여기서 더 이상 우세하지 않다. 마음의 평정은 사물들 안에 끼어드는 대신 그것들을 그대로 놓아둘 수 있다. 마음의 평정은 삶의 늦춰진 속도와 시간의 줄어든 압박에서 얻어지는 자유를 제공한다. 그리고 주체에게는 다시금 심사숙고를 회복하게 해준다. 타자에게 공간을 허락하는 것, 모든 의미에서 타자에게 그렇게 행하는 것은 마음의 평정이 '다른' 현대의 시공時空 문화에 기여한 바이다. 자신을 고수하지 않는 것, 어떤 대가를 치르더라도 자신의 뜻을 관철하려 하지 않는 것, 오히려 다른 사람들과 다른 일들을 위한 시간을 가지는 것, 달리 존재할지도 모르는 모든 일에 의미를 부여하는 것, 다른 사람들과 다른 일들의 전개를 위한 공간을 허락하는 것. 이렇게 이해되는 마음의 평정은 자기 자신과의, 다른 사람들 그리고 세계와의 변화된 관계를 불러올 수 있고, 생태학적 삶의 기술의 기본요소가 될 수 있다. 이 새로운 마음의 평정은 기술적 세계에 대한 소박한 반대 입장으로 인해 지쳐서가 아니라 기술 자체와의 소통 경험에서 일어난다. 말하자면 기술 발전의 가장 진전된 지점에서 일어나는 것이다. 이렇듯 마음의 평정은 삶의 기술 철학이 기초 닦기를 촉진하는 새로운 '삶의 테크닉'에 기여한다.

15.
생태적 삶의 양식,
생명의 정원을 가꾸다

생태적 삶의 양식에서는 삶의 기술 철학의 역사에서 그토록 자주 마법을 통해 불러냈던 '자연에 따르는 삶'이 중요하지 않다. 생태적 삶의 양식에서는 현대적 그리고 '다른' 현대적 조건에 따라 개인이 생태적 연관을 고려하고 그 연관들 안으로 자신이 편입되는 영리함을 기초로 형식을 부여하는 자유로운 삶이 중요하다. 삶의 기술의 주체가 선택한 양식요소들은 윤리적 논쟁에서 지금까지 부차적인 것으로 경시되어왔으나, 사실에 있어서는 그것들 자체가 윤리적 토대를 의미하고 또한 '실존적 기반'인 삶의 수행이라는 실천을 설명해준다. 삶의 수행을 중심으로 옮기면 이론에서 실천으로의 이행을 쉽게 발견해낼 수 있다. 이런 이행은 우선 번거로운 경로와 절차를 필요로 하지 않으며, 항상 개인 자신이 처리할 수 있는 범위 안에 있기 때문이다. 또한 마지막으로 삶의 수행은 일반적인 기본원칙들이 적합하지 않을 수 있는 여러 요건들에도 응답할 수 있을 만큼 충분히 탄력적이기 때문이다. 삶의 수행의 방식과 방법은 자신과 자신이 살고 있는 연관들을 걱정하는 염려에 의해 선택되고 결정된다. 그 양식요소들은 어쩌면 표면적으로만 습득되는 삶의 양식으로 먼저 등장했다가 시간의 경과에 따라 생태적 삶의 형식으로 굳어지는 지도 모른다. 생태적 삶의 양식의 특징을 다음과 같은 열 개의 관점으로 살펴볼 수 있다.

1. 생태적 삶의 양식에서 기본적인 것은 확장된 자기이해이다. 이것은 삶의 기술의 주체를 전형적으로 나타내주며 그의 일관성이기도 하다. 또한 이것은 외부로부터의 시선의 경험에서 결정적 자극을 얻는다. 이런 자기이해에 이끌려 '생태적 자기'는 자신의 '환경'에 인접한 주변을 멀리까지 내다보려고 하며, 포괄적 연관들 안에서 자신의

실존을 인지하려고 노력한다. 자기는 자신의 포기를 통해 자신의 내면 세계로의 몰입에서 벗어나며, 새로운 눈으로 바깥에서부터 자신을 알아보게 된다. 내면 조망과 외부 조망 사이를 오고 갈 가능성은 성찰을 촉진하고 초개인적 입장의 토대를 세우며, 멀리 떨어져 있는 개인들, 생명체들 그리고 생태적 구조들을 향해 다리를 놓아준다. 또한 미래 세대의 개인들과 생태적 자기의 시야에 이미 등장해 있는 이들의 삶의 관계들을 향해서도 다리를 놓는다.

2. 생태적으로 산다는 것은 이 확장된 지평을 배경으로 사려 깊은 삶을 수행하는 것을 말한다. 또한 자원과 기술을 다루는 가운데 생태적으로 타협적인 한도를 찾아내는 것, 발견된 연관들에 대한 개입을 그것들을 마음대로 다룰 수 있는 한도 내에서만 행하는 것 그리고 돌이킬 수 없는 피해를 피하는 것을 말한다. 수많은 상황에서 이에 대한 책임은 오로지 개인에게 있다. 게다가 개인은 삶의 수행방식을 선택함으로써 암시적이거나 명시적인 의사 표시를 통해 신중한 한도에서 사회적 규정에 대한 보편적 여론 형성에 참여한다. 이 한도—구속력이 있든 없든—

를 통해 자원과 기술을 이용하는 방식에 대한 기준이 설정되며, 이 기준에 따라 사회 구조와 제도의 개혁이 옳은 방향으로 유도될 수 있는 것이다.

3. 자기형성으로서의 절제는 주관적 테크닉의 도움을 받아 생태적 자기로 하여금 자기강화의 힘을 얻게 하고 자신의 세력을 객관적 기술 및 과학기술과 소통할 수 있게 한다. 그리하여 금욕적 자기강화는 '자연에 대한 지배'로 고착된, 생태적 연관에 대한 무분별한 개입을 통해 자신을 나타내는 세력을 넘어서는 힘을 얻게 한다. 그것이 없었다면 주체가 무력하게 예속된 상태로 있었을, 기술의 힘을 능가하는 힘을 마련해주는 것이다. 생태적 자기는 기술 활용을 전적으로 억제해야 한다는 원칙에 무조건 끌려다니지 않는다. 생태적 자기는 오히려 자기강화의 힘을 가지고 기술의 완고하고, 성찰적이고, 조심스럽고, 계산된 동원을 주장한다. 또한 긴 이동경로를 조건으로 삼고, 독점 형성을 유리하게 만들어주는 중앙집중식 대규모 기술에 맞서 분산된 소규모 기술의 우선적 동원을 주장한다.

4. 생태적 삶의 양식을 전개하기 위해서는 자신의 습관에 대한 성찰이 필요하다. 왜냐하면 소재와 사물의 아무 생각 없는 선택, 습관적인 사용과 소비는 많은 경우 생태적인 것과 관계가 있기 때문이다. 전래되는 습관들은 포괄적인 익명의 여러 세력보다 삶의 양식에 더 많이 대립된다. 그러므로 겉으로 드러나지 않은 일상의 행동도 그것이 낳는 생태적 결과에 비추어 검토해볼 만하다. 이때 우리는 진부하다는 이유로 부당하게 냉대받고 있는 삶의 평범함을 접하게 된다. 변화의 필연성에 대한 단순한 앎은 생태적 삶의 양식을 육성하기에 충분하지 않다. 이것을 위해서는 오히려 자제의 도움을 받아 자기의 '제2의 천성'이 되는 변화된 습관과 행동방식들을 규칙적이고 꾸준하게 수련할 필요가 있다.

5. 생태적 변화를 주도하는 영리한 삶의 주체는 더 이상 경제적으로 타산적 주체가 아니라 생태적으로 계산하는 주체이다. 이런 주체는 단순한 소비 태도에서 의식적으로 선택한 삶의 양식으로의 이행, 소비에서 활용으로의 이행을 실천한다. '소비자'라는 현대적 주체에 대한 함축

적 개념 규정으로부터 멀어진다. 그 대신 자원과 생산물, 사물과 기술의 '다른' 현대적 '활용'으로 바뀌는 것이다. 주의 깊은 활용은 사물이나 소재들과 신중하고 조심스럽게 소통하는 방식이다. 반면 소비에서는 순간적 필요의 충족을 위해 이것들을 소모하는 것이 용인된다. 경제가 시장경제로 구조화되어 있다는 사실이 누구든 생태적 삶의 양식에 접근하는 것을 방해하지는 않는다. 오히려 시장경제의 요소들이 선택된 삶의 양식의 경제적 실천방식에 대한 소급효과를 낳는다. 이용 및 이용자의 의식적 태도가 경제적 계산에 포함되어야 한다는 것과 같은 주장으로서 말이다.

6. 소비가 아니라 활용이 개인이나 공동체의 삶의 양식을 특징짓게 되면, 소비적 사고와 행동에 의해 부주의하게 간과되었던 순환이 저절로 의식 안에 들어선다. 생태학적 삶의 양식은 여러 관점에서 재순환을 특징으로 삼고 있다. 이 재순환은 사물과 재료들을 다시 이용하기 위해 순환 과정으로 되돌리는 '재활용'만을 의미하지 않고, 다양하기 이를 데 없는 삶의 순환에 대한 새로운 주목을

의미하기도 한다. 재료와 요소들의 순환성에 대한 앎, 그 것들의 순환 과정이 자기를 관통한다는 의식이 현대의 단자적單子的 주체를 똑같은 주체로 내버려두지 않고, 오히려 주체를 개방해 순환 운동 안에서 하나의 동기를 만들어준다. 말하자면 실질적 의미에서 주체의 재순환을 불러일으키는 것이다. 삶의 순환에 대한 앎이 '다른' 현대의 시공 문화에서 가치를 나타내기 위해 근대 이전의 공간 문화에서처럼 새삼스럽게 종교적으로 미화될 필요는 없다. 이 앎은 순환성을 근대적 시간의 광채에 의해 추방되었던 바로 그 시간의 개념으로 다시금 이끌어가는 시간 재순환의 동력이 된다.

7. 재순환은 지속성과 지속 가능성을 갖춘 삶의 양식에 결정적으로 기여한다. 이에 대해서는 생태학 관련 토론에서 계속 언급되는 중이다. 지속 가능한 삶의 양식은 개별적 행동과 방임을 한층 더 포괄적인 시간적 지평에서 바라보며, 그런 관점에서 삶이 긍정될 수 있는지의 문제를 제기한다. 이것은 모든 욕구가 나타나자마자 충족될 수 있기 때문에 미래적 지평을 유지하는 것은 의미가 없

다고 하는 현대 경제학의 약속에 따라 개인들이 익숙해 있는, 현재의 시점에 맞춰 시간지평을 고착하려는 경향을 저지한다. 미래적인 것에 대한 이런 망각에서 풀려나는 일은 일반적으로 무시해도 될 것처럼 보이는, 그리고 나아가 극히 미미한 사물들에서조차 생태학적 연관들과 삶의 기초의 지속적 보호 유지를 주목하는 삶의 양식을 추구할 때 매우 중요하다.

8. 자기가 자신의 신체를 조심스럽고도 세심하게 다루는 것은 신체의 생태를 생태적 삶의 양식의 요소로 만들어준다. 신체는 그 자체가 일종의 생태계이다. 생태와 그것의 위기는 신체 안에서 동시에 일어난다. 왜냐하면 인간은 외따로 떨어진 존재로서 우주에 살고 있는 것이 아니라, 끊임없이 우주와 물질을 교환하고, 우주를 숨 쉬고, 우주를 먹고 마시며, 또 배설하기 때문이다. 신체를 통해 순환 과정이 진행되는 물질에는 인간 자체에 의해 생성되는 유해물질도 포함된다. "우리가 이토록 친숙하게 그런 화학물질들과 더불어 살아갈 생각이라면—그것들을 먹고, 마시고, 우리의 골수로까지 받아들인다면—우

리는 그것들의 속성과 작용방식에 대해 어느 정도는 알고 있어야만 할 것이다."(레이첼 카슨Rachel Carson, 1907~1964) 신체의 생태학을 통해 삶의 기술의 섭생법이 새롭게 설정될 수도 있을 것이다. 우울증에 걸린 건강법의 노예가 되기 위해서가 아니라, 어떤 물질이 우리 신체 안에서 어떤 식으로 작용하는지, 독성으로 작용할 만큼 과다한 사용과 생명을 위협할 만큼 결핍을 초래하는 과소한 사용 사이에서 그 물질들이 어떻게 처방될 수 있는지, 그것이 인공적으로 생산된 물질뿐만 아니라 자연적으로 생성된 물질에도 적용되는지와 같은 문제에 주목하기 위해서 말이다. 우리 인간이 호흡하는 산소조차도 긴 안목에서 보면 '부정적'이다. 다시 말해 치명적이다. "그렇지만 그것을 들이마시지 않으면, 더 일찍 죽음에 이른다."(제임스 러브록James Lovelock, 1919~)

9. 생태적 삶의 양식은 삶의 향유로 돋보인다. 이 향유의 전제는 감각의 완전한 전개이다. 이 향유는 저절로 생성된 긴장의 바다 가운데 몇몇 여유의 섬을 필요로 한다. 사치스러운 재물을 절실하게 필요로 하지는 않는다. 그런

재물을 마음대로 사용할 수 있는 경우, 참된 삶의 향유로부터 멀리 떨어져 있다는 인상, 삶을 실제로 사는 것이 아니라는 인상, 삶을 '느끼지 못하고 있다'는 인상만 자기의 내면에 깊이 새겨지고 만다. 쾌락을 누리기 위해 외적 자원의 과도한 소비를 필요로 하는 사람은 내적 자원을 전혀 지니고 있지 못한 것이다. 아름답고 긍정할 만한 삶의 개념을 마련해주는 생태적 삶의 양식은 타인들을 위해 삶을 변화시키고 생태적으로 형성해야 할 필요성에 대한 설득력을 다른 논증들보다 더 많이 내포하고 있는 실존적 논쟁으로 돌변한다. 지나친 향유는 거시적 시각에서나 미시적 시각에서나 모두 생태적 연관의 다양성과 엄청난 풍요로움을 인지하고 그것에 관해 성찰하는 데서부터 시작된다. 반대로 이것은 도리어 향유의 원천을 유지해야 한다는 염려를 불러일으키기도 한다.

10. 끝으로 생태적 삶의 양식에서 특징적인 것은 마음의 평정이다. 마음의 평정은 성찰적 삶의 기술의 성취 가능한 구성요소이며, 내맡김을 위해 일의 도모, 의지, 형상화를 간헐적으로나마 포기할 준비를 갖추고 있다. 주체는

생명의 연관들에게 그것들의 상호작용을 스스로 발견할 수 있는 공간과 시간을 허락하고, 자신이 그 연관들에 적응하는 가운데 세계의 외적 생태와 자신의 내면적 생태에 태연한 자세를 취한다. 외부로부터의 시선을 통해 주체는 보다 포괄적 지평에서 자신의 위치를 볼 수 있고, 거리를 두고 본질적인 것으로 나타나는 것을 위한 시간을 허락할 수 있다. 마음의 평정은 삶에 본질적이며 변화가 그것의 영속성이기도 하기 때문에 그칠 줄 모르는 많은 '위기'를 맞아서도 유지된다. 마음의 평정은 생태적 위기에 처해서도, 인간의 실존이 위기를 맞아 위협을 당할지라도, 생태적 변형이 무엇 또는 누구에 의해서도 그들의 '행복'을 위해 강요되지 않는 것을 추구하며, 개인들의 자유로운 선택을 통하지 않고 다른 방식으로 일어나는 것에 찬성하지 않는다. 마음의 평정은 이토록 단호하다. 인류의 실존은 자의적 수단의 동원을 옳다고 인정하는 절대적인 자기목적이 아니기 때문이다.

16.
가상공간에서의 삶의 기술

이것은 새롭게 기초를 세워야 하는 삶의 기술에서 생태학과 더불어 또 하나의 커다란 도전이다. 이것은 역사상 이런 형식으로 존재한 적이 없는, 그 결과 이것에 대해 우리가 지각능력을 전혀 기르지 못한 어떤 공간에서의 삶이다. "우리의 환경은 근래에 이르기까지 사물들로 이루어져 왔다. 집과 가구, 기계와 운송수단, 옷가지와 세탁물, 책과 그림, 통조림 깡통과 담배들로 채워졌다. 그런데 사정이 달라졌다. 현재 기형적인 물건들이 도처에서 우리 주변으로 밀려들고 있다. 그것들은 일상의 사물들을 밀어낸다. 우리는 이런 기형적인 물건들을 '정보'라고 부른다."

(빌렘 플루세르Vilém Flusser, 1920~1991) 정보들이 비공식적으로, 그러니까 전래적 의미에서는 정상이 아닌 상태로 실존하는, 그렇지만 나름대로 일종의 현실성을 보여주는 새로운 세계가 활기를 띠고 있다. 이전 시대와 마찬가지로 삶의 수행의 올바른 방향 설정에 기여할 수 있는 의미를 포함한 정보들과 함께 아무런 의미도 없는, 저장되었다가 불러내질 수 있으며, 새롭게 생성되고 또 저절로 재생성되기도 하는 무수한 정보들이 등장하고 있다. 이런 정보들은 통신 채널과 고속 데이터 선로에 넘쳐흐르고, 측량할 수 없을 만큼 거대하지만 눈에 보이지 않는 공간, 포괄적 의미에서 말하자면 가상공간을 형성한다. 이 가상공간의 가시성은 스크린으로 단순화되고 환원된다. 정보망에, '체계' 안에 저장되고 유통되는 정보들이 이 스크린 위에 모습을 드러내는 것이다. 이 공간은 일종의 잠재적 공간이며, 전래적 의미의 실질적 공간을 거의 필요로 하지 않는 상상의 공간이다.

이렇게 해서 인간들은 두 종류의 공간에서 살기 시작했다. 넓이를 지닌 진짜 공간뿐 아니라, 정보의 인공지능적 공간에서도 살기 시작한 것이다. 이것은 인류가 상속

받은 재산인 사유하는 실체res cogitans와 연장 실체res extensa
의 데카르트식 구분*, 그리고 실제 세계에 대한 인식 세
계의 궁극적 승리이기도 하다. 이 인식 세계가 무엇인지
정확하게 말할 수 있는 사람은 아무도 없다. 왜냐하면 이
인식 세계는 전적으로 '일어난 일에만 해당하는 것'은 아
니기 때문이다. 정보기술의 확산과 더불어 개인들은 하나
의 경험이기도 한 허구적 공간에서 살고 있다. '거기에' 존
재한 적 없이도 현실적이며 사실적이기도 한 가상적 세
계 안에 살고 있는 것이다. 인간들은 이미 다양한 하늘 아
래에서 살아왔다. 모든 삶의 영위에 영향을 미치는 신神들

• "나는 생각한다. 그러므로 나는 존재한다Cogito ergo sum." 이것은 데카르
트의 유명한 명제이다. 이 명제는 그의 형이상학의 제1원리이자, 건실한 과학에
도달하기 위한 제1원리이기도 하다. 데카르트는 감각에 기초한 물질 세계의 개
념과 좀 더 엄격한 수학적인 물질 세계의 개념을 구분하고, 후자가 더 객관적이
라는 입장을 취한다. 물질 세계를 지각하는 감각적 경험은 그가 볼 때 주관적이
고 자주 착각을 일으키며 외부 세계와 동일한지 알 수 없기 때문에 회의의 대상
이다. 그의 관심은 주관을 넘어 객관적 지식을 확보할 수 있는가에 있었다. 따라
서 그가 취한 입장은 감각적 경험이 아닌 이성 관념으로, 선험적으로 우리에게
주어진 것이었다. 그는 자신에게 주어진 선험적 관념에 따라 실체를 정신적인
것과 물질적인 것으로 구분했다. 그에게 정신적 실체의 본성은 사유하는 것res
cogitans이고, 물질적 실체의 본성은 연장된 것res extensa이다. 정신은 연장적 특
징이 없는 불가분적인 것이며, 연장을 지닌 물질과는 명석판명하게 구분된다. 데
카르트는 육체 없이 존재하는 나를 상상할 수 있다고 하면서, 정신을 물질과 분
리해서 생각할 수 있는 하나의 실체로 보고 있는 것이다.

로 북적거리던, 별들과 그것들의 운동 법칙으로 북적거리던 하늘 아래에서 살아왔다. 그러나 이제 그 천체는 디지털화되었다. 이 천체는 인공위성들이 다각적으로 쏘아대는, 혹성의 이쪽에서 저쪽으로 쏘아대는 정보들에 의해 늘 번쩍인다. 유성들이 인간의 자세와 태도에 거듭 영향을 미친다. 내 위에 있는 디지털 천체, 내 안에 있는 삶의 기술……

'다른' 현대의 시공 문화의 바탕을 이루는 공간들 중 하나인 잠재적 공간은 공간, 시간, 자기의 개념과 이것들 사이의 연관을 새롭게 문제 삼는다. 왜냐하면 이제 주체들이 이 개념들의 규정을 결정하기만 하는 것이 아니라 스스로 주체 기능을 인식하고 있으며, 그 배후에는 이것에 종사하는 새로운 과학기술이 존재하기 때문이다. 그리하여 주관성의 지위는 유동流動이 된다. 주체와 객체 사이의 유동, 기존 존재와 변화된 존재 사이의 유동, 견고한 판단의 틀이 해체되는 것처럼 보이는 시간에서의 유동, 광속의 횡단을 허락하며 잠재적으로 무한한 공간에서의 유동. 자기가 움직이고, 그 안에서 확장된 전체적인 공간이 해체되는 추세를 보이기 시작하는 가상공간에서 이것을 경험할 수 있다. 여기서 있음직한 모든 현실성을 경험할 수 있고, 모든 전망들을 시험할 수 있고, 모든 상황들을 미리 숙고할 수 있다. 현실적으로, 즉 감각적으로 이것들을 경험할 수 있다. 더 이상 장소도 필요하지 않으며, 현재의 직접성과 전래적 공간의 협소함에서 완벽하게 벗어나 '다른' 현실성을 생성하는 참된 '유토피아적' 차원을 경험할 수 있게 된다. 전적으로 신新낭만주의적인 움직임이 과학기술을 배경으로 하여 이미 전개되고 있는 것이다.

이때 인간적 형상화의 산물이 문제가 된다. 즉 잠재적 세계는 의문의 여지 없이 문화의 한 구성요소이다. 그렇지만 이 잠재적 세계가 삶의 기술의 구성요소가 될 수 있을지, 개인적 삶이 정보의 과학기술을 통해 어디까지 형성될 수 있을지, 이 정보의 과학기술이 삶의 기술의 구성요소가 될 수 있을지 그리고 삶의 실행과 관련해 그것에서 어떤 의미가 인정될 수 있을지는 의문이다. 다양한 삶의 실천방식들은 실제로 인공두뇌적 공간에서의 길 찾기와 관련될 수 있다. 우선 삶의 관리적 측면에서의 실천을 위한 정보기술의 활용은 일상적 과제와 요구의 해결이 수월해진다는, 의심의 여지 없는 장점을 가지고 있다. 조달과

거래는 전자방식으로 처리할 수 있다. 그리고 욕구충족을 위한 모든 공급으로의 접근이 어떤 장소나 시점에서 실질적으로 또는 잠재적으로 이루어진다. 전자기술의 도움으로 정보들은 가장 짧은 시간 내에 먼 거리까지 도달할 수 있고, 온갖 사전事典과 도서관의 정보들을 쉽게 이용할 수 있다. 개인의 인공두뇌적 공간은 공공의 공간과 '인터넷'에 연결되고, 여기서 정보의 획득, 확산, 교환이 전 세계적으로 행해진다. 그곳은 삶의 고유한 가능성과 경험들을 준비해놓은 가운데 지속적으로 확장되는 탈중심적 정보전달의 공간인 것이다. 전반적 정보망의 형성은 현존하는 사회를 뚫고 미래의 세계 공동체의 전초로서 잠재적인 다른 사회가 생길 수 있는 가능성을 낳는다. 개인이 자신의 관계들과 세계 관계의 연결망을 잠재적 공간에서 계속 유지해나가는 전자공학적 실존을 상상해볼 수 있다. 이때 원격 연결이 우세해지겠지만, 그것이 결코 근거리 연결의 실종을 초래하지는 않는다. 왜냐하면 감정을 개입시키지 않는 정보기술의 영역에서는 개인적인 것이 새롭게 의미를 얻기 때문이다. 이에 대한 공간이 열리게 된다. 감정의 개입이 없는 일상의 업무들은 '체계'로 넘겨질 수 있기 때문이다. 이에 대한 필요는 개인적 소통의 가능성이 줄어드는 정도에 비례하여 커진다. 그 밖에 복합적이고 복잡한 정보기술의 세계에 익숙해지기 위해 타자의 사적 보조도 포기할 수 없다.

옳은 방향을 설정해주는 선도先導는 우선 삶의 수행을 위해 정보의 과도한 공급에서 의미를 가질 만한 정보들을 걸러내는 일을 포함한다. 정보의 시대에 데이터의 홍수 속으로 침몰하지 않으려면, 삶의 기술의 주체는 지속적으로 그리고 때로는 자의적으로 선택을 하지 않을 수 없다. 이때 다시금 과학기술(검색 엔진과 메타검색 엔진)의 도움을 받을 수 있다. 그러나 본래의 '정보관리'는 여전히 주체 자신의 몫이다. 근본적으로 지식을 '소유하는' 것은 더 이상 중요하지 않다. 중요한 것은 오히려 어디서 어떻게 그것을 얻느냐이고, 그다음은 선택할 용기를 가지고 중요도의 순위를 결정하는 일이다. 왜냐하면 실제로 중요한 것은 소수에 지나지 않으며, 사실에는 오로지 한 가지만 필요하기 때문이다. 충만해지도록 삶을 이끌어가는 것, 이 한 가지 말이다. 그리하여 정보와 통신이 한도를 넘어설 때 그 양을 줄이고 성찰의 공간을 다시 획득하는 것이 삶의 수행에서 의무가 된다. 실존적 축소, 자기의 입장에서 실존적 중요성으로의 사물들의 환원이 이 범람에 대응한다. 그리하여 중요하다고 등급이 매겨진 모든 것에 특별한 관심을 기울이게 되는 것이다. 실존적 축소는 다양함을 간소화할 뿐만 아니라, 복잡성 한가운데에서 침착한 삶을 살 수 있게 해준다. 이것의 바탕은 역시 정보와 통신의 까다로운 취급이다. 전자공학적 담론은 거부에 이르기까지 오로지 제약 없이 의사소통을 하는 주체들만 인정하기 때문에, 치료가 필요하다고 여겨질 위험에 이르기까지 대상을 까다롭게 다룬다.

그렇다고 해서 형상화 운영에 관련해 '정보를 제공받는 인간'의 범례적 행동방식으로서 스크린을 향한 시선이 삶의 개인적 형식과 양식의 완성을 대체하지는 않는다. 오히려 이 시선 자체가 삶의 형식이 되고 양식의 요소가 된다. 개인적 활용의 고안은 정보와 통신을 통한 탈경계에 의식적이고 계산된 한계를 부여하고, 그럼으로써 형식을 복구한다. 새로운 과학기술의 이용은 삶의 형성과 자기형성에 최소한 전래적 문자매체만큼 많은 가능성을 열어준다. 동시에 이 가능성들을 기술적으로 활용하면, 자기가 과학기술적 조건들에 무조건 굴복하는 위험을 방지할 수 있다. 인공두뇌적 공간은 다른 현실을 열고, 변화를 생각할 수 있게 하며, 실험과 가상적 섭렵이라는 전대미문의 가능성들을 스스로 경험하도록 예비하고 있다. 새로운 과학기술은 자기 자신에게 작용하도록, '쌍방향으로' 수련하도록 형성되고 변성되기 위해 의식적으로 작동할 수 있다. 비물질성을 토대로 전래적 형상화 과정보다 훨씬 수월하고 광범위하게 처리할 수 있는 물질의 형상화 가능성들과 함께 창조의 새로운 공간도 열린다. 이와 함께 이 외적 작업은 고대의 '대상에 대한 작업이 자신에 대한 작업fabricando fabricamur'이라는 기본법칙에 걸맞게 여기서도 자기의 자신에 대한 작업이기도 하다. 우리는 뭔가를 형성하면서 우리 자신을 형성하는 것이다. 이와는 달리 자체기술적 이용의 다른 가능성은 스토아 학파의 자체 장부를 새삼스럽게 다시 집어들고 현대 이후 기업들의 사적 장부를 지나치게 닮아버리는 위험에 빠진다. 계산기가 뒷받침하는 '프로필 조정'은 매번 넘치는 데이터로 현실화된 개인의 프로필을 자신의 본래 당위적 표상의 프로필에 관련시킬지도 모른다. 현재의 상태를 전자공학적으로 통제하고 미래의 상태와 동화시키기 위해서 말이다. 이때 그나마 위안이 되는 것은 체계들도 때로는 '추락하고', 예컨대 손편지를 쓴다거나 옛날처럼 종이책을 읽는 등 고풍스러운 자체 기술로의 복귀를 도와준다는 점이다. 따라서 책이라는 구태의연한 문화기술은 디지털화된 정보의 쇄도 아래에서도 결코 사라지지 않는다. 오히려 다르게 조직된 정보 세계의 특별하고 감각적인 경험이라는 신비로운 효력을 얻는다.

인공두뇌적 공간에서 가장 흥미로운 것은 의심할 나위 없이 침착한 운영이다. 여기서 마음의 평정은 무엇보다 먼저 신중함의 근본적 가능성을 의미한다. 삶의 기술의 주체는 이 신중함이 과학기술을 필요로 하는지, 필요로 한다면 어떤 과학기술을 이용하는지, 언제 이용하고 언제 이용하지 않는지, 어떤 목적으로 어떤 방법을 사용해 어떤 지점에 다다르는지를 선택의 문제로 삼는다. 그렇게 해서 자연과학적 가능성들에 전적으로 예속되지 않은 채 그것들을 이용하려는 것이다. 쌍방향 작용은 하나의 선택사항이고, 상호간의 소극적 태도는 또 다른 선택사항이다. 과학기술의 전체성 요구에서 벗어나고 삶의 형성의 다른 가능성에 개방된 자세를 취하기 위해서는 삼가는 태도, 회의적인 거리두기를 유지할 필요가 있다. 그러나 마음의 평정은 새로운 공간의 열정적 경험에 자신을 완전히 내맡기기 위해 의도된 방식으로 인공두뇌적 공간 안에 자신의 지휘를 맡기는 것을 의미할 수 있다. 옛 형식을 깨뜨리는 새로운 열정의 출현은 역사에서 매혹적이고 색다른 사건이다. 이 열정을 다루는 훈련을 받기 위해 모든 방향에서 이 열정을 경험해야 한다. 문제 되는 자기는 이런 경험을 통해 새로운 방식으로 우선 적응하지 않으면 안 된다. 마음의 평정은 나아가 체계를 가동시키고 그것을 통해 데이터 보존이나 정보 가공의 부담을 덜게 된 자기의 창조성이 발전할 수 있는 자유공간을 얻어내는 것을 의미한다. 광속으로 진행되는 처리 과정의 그늘에서 심사숙고의 자세는 자기가 누릴 호사가 아니다. 자유로운 사유에 다시 공간을 부여하는 것은 사고 전체를 알고리즘적 처리에 맞추고, 비록 헛된 것이기는 하지만 가능한 삶의 수행에 같은 정도로 정연한 논리를 기대하려는 유혹에 대응하는 해독제가 된다.

그러나 마음의 평정은 그것이 타자에 의한 이끌림을

허용하는 것을 의미하는 한, 여느 세력의 문제보다 심각한 문제를 제기한다. 또한 무기력의 새로운 경험을 염려하게 된다. 왜냐하면 무한한 인공두뇌적 공간의 처분을 근거로 개인에게 주어진 자기강화는 그 공간 안에서 타자를 통한 이끌림에 넘겨진 경험을 통해 방해를 받기 때문이다. 과학기술이 '지배하는' 문화와 과학기술의 도움을 받는 문화 사이에는 여러 측면에서 단절이 생겨난다. 타자에게 자신을 맡기지 않으려면 자신의 고유한 정보능력을 획득해야만 한다. 그러지 못하면 '정보 엘리트'에게 자신을 내맡기는 길밖에는 다른 선택의 여지가 없다. 그렇게 되면 스스로를 정보의 수문지기라고 부르게 된다. 거기에는 평정이 아니라 불신이 자리한다. 그리고 의문이 제기될 수밖에 없다. 누가 인공두뇌적 공간에 접근하는 것을 통제하는가? 어떤 수단을 통해? 누가 '가상의 힘'을 가지고 있는가? 정보들은 어떻게 유통되는가? 그렇게 해서 누가 어떤 이익을 추구하는가? 단순한 '사실정보'의 배후에 어떤 조작이 끼어들 수 있는가? 실용주의적 관점에서 중요한 것은 현실의 잠재화를 고려하고, 그 잠재화의 기본구조를 더 잘 간파하고, 현실성이 어떻게 새롭게 생성되는가에 대한 인식을 얻는 일이다. 이런 문제제기 안에는 적어도 과학기술에 맞선 자기의 고유한 권력 주장이 들어 있다. 이 과학기술의 경우, 융단처럼 부드러운 의사소통의 약속 바로 뒤편에 권력에 대한 매우 단단한 관심이 드러난다. 물론 특정한 무기력의 경험은 모든 참여자에게 공통된다. 정보와 통신의 잠재적 가능성이 확장되고 있는 공간과 비교하면, 그것의 현실화 공간은 점점 더 좁아지고 있다는 사실이 바로 그것이다.

17.
삶의 기술로서의
건강 관리

엎치락뒤치락하는 이 시대의 징후 중 하나로 파악되는 것
은 엄청난 도전 한가운데에서 체력과 건강을 관리하려는
욕구, 한마디로 말해 '건강'에 대한 유례없이 강한 욕구이
다. 삶의 기술도 이것에 대해 뭔가 언급해야 하는 것이 아
닌가 하는 기대를 받는다. 사실 건강에 대해 말하기란 쉽
지 않다. 왜냐하면 건강이 무엇인지 정확하게 언급하는
것이 용납되지 않기 때문이다. 우선 건강은 '질병'과 대조
를 이룬다고 이해된다. 다시 말해 건강하다는 것은 앓지
않는 것을 뜻한다. 병에 걸린 환자들은 건강이 값진 재산
일 수 있다는 사실을 잘 안다. 그러나 병에 걸리면 반대로

질병의 가치를 깨닫기도 한다. 이것은 매우 간단한 삶의 실천적 구분이다. 즉 건강한 사람은 수많은 소망을 갖고 있지만, 병든 사람의 소망은 오로지 하나, 다시 건강해지는 것뿐이라는 사실이다. 그런 만큼 각 개인의 삶에서 건강은 상당한 의미를 지니며, 반대되는 경험보다 더 우선적으로 추구되는 경향이 있다.

잠정적으로 건강은 신체기관의 순조로운 작동과 정신의 정연함으로 정리될 수 있을 것이다. 그렇다면 질병은 신체의 기능장애, 정신의 질서 교란일 수 있다. 그러나 모든 경우에 무엇이 질서이고 무엇이 교란인지 과연 명백한가? 질서가 인간이 설정한 하나의 규범일 뿐이라면, 이 규범을 침해하는 것이 곧 교란인가? 질서가 제대로 작동하려면 경우에 따라 얼마만큼의 교란이 용납되는 것인가? 삶의 기술로서 건강을 주제로 삼으려면, 우선 건강에 대한 지나치게 표면적인 이해와 그 가치의 규범적 설정에 비판적으로 의문을 제기해야 할 것이다. 단순한 개념 규정이나 어처구니없는 규범의 순진한 희생물이 되는 일을 최대한 막기 위해서이다. 건강을 그 자체가 병들어 있고 병들게 하는 기초 위에 세우는 것은 아무런 의미가 없는 일일 것이다. 다른 연관에서도 그렇지만 여기서도 삶의 기술을 위해 타율성을 그대로 받아들이지 않고, 오히려 자율성을 얻어내려고 하는 것이 근본적으로 필요한 일인 것 같다.

이것은 건강과 건강 유지가 삶의 기술의 한 관심사로서 처음부터 주장될 수 없다는 것을 의미한다. 건강이 그 자체로 하나의 가치가 될 수는 없다. 그리고 건강 유지가 우리가 무조건 따라야 하는 규범도 아니다. 건강에 가치가 주어지는가의 여부, 그렇다면 어떤 가치가 주어지는가, 그리고 그 가치의 내용이 어떻게 채워져야 하는가는 선택의 문제이다. 자율적으로 법칙이 부여되는 문제, 말그대로 자율성의 문제인 것이다. 모든 것이 선택의 문제인 현대의 상황에서 삶의 기술은 건강에 대해서도 똑같이 답변한다. 이 말은 현대적이지 않은 문화에서는 인간이 아무런 선택도 할 수 없다는 것을 뜻하는가? 사실 그렇다. 그들이 전통과 관습의 테두리 안에서 아무런 문제 없이 살면서 그 전통과 관습에 매몰되어 있다면 말이다.

건강의 가치와 내용을 마치 선택의 문제나 되는 것처럼 상정하는 것은 미심쩍어 보인다. 어쩌면 현실과 거리가 먼 것처럼 보이기도 한다. 그런데 사실 우리는 이것과 함께 현실 한가운데에 서 있다. 왜냐하면 자신이 한 선택을 자신의 태도를 통해 일상적으로 표명하는 개인들이 매우 공공연하게 존재하기 때문이다. 흡연과 음주가 어느 정도의 기준을 넘어설 경우(비록 개인에 따라 그 기준이 다를 수 있지만) 질병 위험이 높아져 생명을 위협할 수 있다는 사실이 틀림없다면, 그런 사람들에게는 건강을 선택하는 것이 중요하지 않을 수 있다. 그렇다면 그런 개인들은 실존적으로 질병을 선택한 것인가? 어쩌면 그들이 능동적이고 의식적인 선택을 한 것은 아닐 것이다. 결국 그것은 수동적 선택, 무의식적 선택이다. 자신과 같은 선택을 한 사람들을 제외하고는 막연한 어떤 사람이 아니라 특정하고 유일한 사람이 감당해야 할 결과를 초래하는 선택인 것이다.

자신의 건강을 의도적으로 위험에 빠뜨리는 선택에 반대하는 절대적 토론은 존재하지 않는다. 가능한 결과들을 제때에 알고, 그것들이 예상했던 대로 적중할 것처럼 보이면, 그것을 견뎌내는 것이 전적으로 의미가 있을지도 모른다. 삶의 기술에서는 실존적 선택의 요점을 아는 것이,

그것이 임시적이고 개별적인 선택이 아니라 근본적 선택의 문제임을 아는 것이 중요하다. 이렇듯 심오하고 실존 전체에 관련되는 선택은 그에 상응해 조심스럽게 준비되어야만 한다. 의미 깊게도 이 선택은 영리함이라는 기초 위에서 이루어진다. 그리고 이 영리함은 지성과 육감이 함께 작용하는 감수성의 훈련을 필요로 한다. 뒤를 돌아보고 주위를 둘러보면서, 앞을 바라보고 전망하면서, 또 일찍이 유념하게 된 결과들을 영리하게 응시하면서 신중하게 선택에 접근하기 위해서 말이다.

건강을 근본적 가치로 선택했을 경우, 내용적으로 건강의 기준으로 받아들여야 할 것들을 결정하는 데도 선택이 적용된다. 그래야만 예컨대 그것이 체력 관리, 건강 관리, 체중 감시 등 어떤 명칭으로 불리든 간에 유효한 건강 규범만을 맹목적으로 따르지 않게 된다. 수많은 사람들이 헬스클럽에서 자신의 신체를 단련한다. 그들이 거기서 다루는 것은 소위 '문제 되는 부분'이다. 이 문제들은 간단히 말해 개별적 신체의 계량치들이 이상적인 표준치에 일치하지 않기 때문에 발생한다. 그런데 삶의 기술로서의 건강에서는 의식적으로 행한 개별적 선택이 중요하다. 이 선택에서는 자기의 고유한 생각과 균형 이외에 다른 기준이 존재하지 않는다. 우리가 넘지 않도록 적당히 경계해야 할 유일한 한계는 혐오뿐이다. 자기 자신에 대한 혐오, 그리고 자신의 가치평가에 따라 자기가 마음을 쓰는 타인들에게 느끼는 혐오라는 한계가 그것이다.

그러나 건강을 선택한다 할지라도 질병의 배제를 목표로 삼을 수는 없다. 건강에 한층 더 높은 가치를 부여한다 할지라도, 모든 사람들은 건강과 질병의 모순을 안고 살아간다. 건강과 질병은 삶의 모순성을 드러낸다. 이 모순성을 제거하려고 하는 것은 그 자체가 헛수고일 뿐만 아니라, 의심스러운 결과를 초래할 수도 있다. 질병을 결정적으로 물리치는 데 성공한다 할지라도 그것으로 완전한 건강을 얻을 수는 없기 때문이다. 이 모순구조가 얼마나 집요하게 유지되는지는 현대의 역사에서 질병을 뿌리 뽑으려고 그토록 노력을 했음에도 불구하고 새로운 질병들이 속속 등장했다는 사실을 통해 알 수 있다. 그렇다고 해서 질병 퇴치를 포기해서는 안 될 테지만, 이런 통찰이 언젠가는 모든 질병이 퇴치되어 인류가 질병에 대해 '궁극적 승리'를 거둘 수 있을 거라는 망상을 가지지 않게 할 수는 있을 것이다.

　말머리를 바꾸어보면, 건강과 질병의 모순은 상대화된다. 심지어 이렇게 공식화해서 말할 수도 있을 것 같다. 건강의 반대는 질병이 아니다라고 말이다. 이 두 개념에는 문제가 있다. 이 두 개념 사이에는 중첩되는 부분도 있기 때문에 절대적 의미로 볼 때 그렇지 않는데도 불구하고 서로 대립되는 개념으로 사용되고 있다는 점이 그것이다. 병에 걸리는 것이 건강의 한 측면일 수도 있다. 그리고 문제 있는 조건들 아래에서 어떤 대가를 치르더라도 건강을 유지하는 것이 질병일 수도 있다. 삶의 기술로서의 건강이 주제가 되면, 질병은 철저히 그 요소로서 가치가 있다. 실제로 질병을 통한 치료 같은 것이 존재한다는 뜻이다. 질병은 잃어버린 자기관여를 되찾는 기회가 될 수 있다. 우리가 자기 자신에게 주의를 기울이는 기회가 되기도 한다. 자기 자신과 세심한 관계를 맺고 스스로의 친구가 되기를 시도하는 계기가 될 수도 있다. 그렇게 해서 외부를 향해 자기를 뒷받침할 수 있는 내면적 응집력을 강화하게 된다. 질병은 삶의 의미를 다시 음미하고 삶의 길잡이 별일 수 있는 아름다움에 관해 묻기 위해 필요한 여유를 갖게 되는 가능성일 수도 있다. 이 말이 맞는다면, 건강의 반대는 질병이 아니라, 자신과 자신의 삶에 대한 안일함일 것이다. 그러니까 삶의 기술로서 건강의 주도적 의미는 자기의 자기 자신에 대한 염려인 것이다.

(의식에 따르는) 인식적 자기연관 그리고 (태도를 결정하는) 윤리적 자기연관을 자신 안에 지니는 것이 바로 자기 자신에 대한 염려이다. 어떤 심사숙고나 영리한 성찰도 없을 때, 이 염려는 모든 경우 가장 뛰어난 자기연관을 세운다. 최초의 막연한 염려는 수동적인 염려, 즉 조바심이 드는 염려, 바로 두려움이다. 이런 두려움은 언젠가 저절로 제기되는 질문에서 생겨난다. 내가 살아온 삶이 바른 길에 놓여 있는가, 경험되는 대로의 나는 긍정할 만한가, 나에게 작용하고 있는 관계들은 받아들일 만한가 등등의 질문이 그것이다. 조바심이 드는 염려는 자기의 고유한 관심을 활성화하고, 더 이상 타자들에 의한 규정이나 외적 관계에 자신을 맡기지 않는 것을 본질로 삼는 첫 번째 자기동화自己同化를 이행한다. 이로써 깨어난 고유관념과 적극적이고 자기에 의해 주도되는 영리한 염려로 이어지는 전체적인 의식화 과정이 작동하기 시작하는 것이

다. 이 영리한 염려에서는 자의식과 자기형성이 밀접하게 맞물려 있다. 자기는 이 염려의 출발점이며, 자신에 대한 염려를 통해 자의식과 자기형성을 특징짓는 운동을 미리 그려낸다. 자기는 외부에서 보는 것과 똑같이 자신을 바라보고, 세심하게 자신을 관찰하며, 자신에게 집중하기 위해 그리고 마지막으로 자신을 더 이상 예전과 똑같은 자기로 내버려두지 않는 형성적 염려의 대상이 되기 위해 자신으로부터 거리를 취한다.

자기는 염려의 출발점이면서 동시에 염려의 대상인 것이다. 즉 염려는 자기에 의해 생겨나 자기에게 되돌아간다. 염려는 무엇보다 자기의 내적 관계, 자기의 영혼을 향한다. 이 영혼은 자기의 개념과 동의어로 이해될 수 있고(영혼의 돌봄, 본래적 의미에서 영혼의 인도), 그 안에서 염려는 고대로부터 아스파시아Aspasia, BC 470~400 *와 소크라

---

* 상류층의 연회에서 시를 읊고 담론을 즐기던 매우 교양 높은 헤타이라hetaira, 즉 기생妓生이자 아테네의 유명한 정치가 페리클레스Perikles, BC 495~429의 정부情婦였다. 미모는 물론 지식과 언변이 출중했기 때문에, 페리클레스를 위시한 아테네의 유력인사들을 사로잡은 것은 물론 수학자 아르키메데스, 철학자 소크라테스 등 당대의 수많은 지성들과 교류를 가졌다고 알려져 있다. 소크라테스는 그녀를 변증법과 수사학에서 최고의 스승이라 칭했다.

테스 이래 신중함과 같은 특성을 내포하고 있는 가장 특출한 유산으로 간주된다. 또한 염려는 외적 자기와 모든 실존의 토대를 나타내는 그의 심신 상태를 향한다(육체에 대한 염려). 만약 이런 이중적 의미에서 자기를 염려의 대상으로 삼는 가능성을 포기한다면, 그의 심신 상태는 관계들의 자의성에 내맡겨질 것이다. 그러나 염려를 통해 무사태평과 태만의 상태, 간단히 말해 자신에 대한 무관심에 주목하게 된다. 이 무관심이 의식적으로 선택한 태도가 아니라 수동적 태도인 이상 말이다.

염려가 건강을 유지하거나 건강해지는 것을 겨냥한다면, 삶의 기술로서의 건강은 한층 더 폭넓게 구체화된다. 전제는 이것이 늘 규범적 징후가 아니라 소망을 표현하는 징후 가운데 일어나야 한다는 점이다. 자신과의 소통에 있음직한 임의성은 영혼에 대한 염려를 통해 깨진다. 영혼의 상태는 육체의 상태에 영향을 미치는 것 같다. 이것은 현대에서 '심신상관 의학Psychosomatik'이라는 개념을 대두시켰다. 이 개념은 역사적으로 서구 문화에서 오랫동안 지속되어온 정신과 육체, 영혼과 신체의 이원성에 대한 새로운 대안이기도 하다. 정신을 돌보기 위해 정신을 파악하는 일은 물론 어려워 보인다. 분명 정신은 매우 모호한 현상이기 때문에 심리 관련 학문들이 여러 세기에 걸쳐 노력을 했음에도 정신에 관해 신뢰할 만한 해명을 제시하지는 못했다. 삶의 기술의 주체는 여기서 유발되는 곤란에서 벗어나기 위해 신체를 거쳐서 가는 우회로를 통해 영혼을 돌보는 것을 선택한다. 정신 대신 육체를 출발점으로 선택하는 것이다. 다른 의미에서의 심신상관 의학, 그러니까 병에 대한 이해뿐만 아니라 건강에 대한 이해에도 관심을 갖는 심신상관 의학을 이용할 수 있는 것이다.

이제는 육체에 대한 염려가 영혼에 대한 염려로 이해된다. 이런 관점에서 물리요법은 심리요법의 한 방법으로 보일 수 있다. 여기서 '치료법'은 한 가지의 치료만을 의미하지 않으며, 바탕에 깔려 있는 그리스어 테라페이아 Therapeia가 이미 유사하게 보여주는 대로 '돌봄'을 의미하기도 한다. 건강한 사람도 이런 돌봄을 받아들일 수 있다. 자신에 대한 관심과 자신에의 봉사가 그것이다. 역사적으로 오랫동안 계속되어온 육체에 대한 홀대, 기독교 문화에 고착된 육체의 악마화를 이렇게 해서 개선할 수 있을지도 모른다. 초기 기독교는 육체의 의미를 그런대로 고려했다. 예컨대 기원후 2세기 클레멘스 알렉산드리아 Klemens von Alexandria, 150~215의 '교육자Paidagogos'에서 그것을 추론할 수 있다. 즉 플라톤의 가장 훌륭한 전통에서 육체는 영혼의 집으로서 돌봄을 받아야 했다는 것이다. 그러나 기독교 문화에서는 오랫동안 이런 입장을 취하지 않고, 육체를 아예 거부했다. 서구인들의 이런 탈육체화에 대한 반작용으로, 20세기에 들어오자 세속화가 진전되었고, 육체지상주의, 육체에 대한 망상이 등장했다. 그러나 최근에는 이에 대한 반작용으로 잠재적 공간에서 육체에 대한 세속적 경시가 관찰되기도 한다.

철학적으로 성찰된 삶의 기술은 지나치지 않은 육체 문화의 확장에 기여할 수도 있을 것이다. 스포츠도 이 육체 문화의 테두리 안에서 한몫을 차지한다고 볼 수 있다. 영혼의 돌봄을 목적으로 하는 육체의 훈련으로서의 스포츠, 그러니까 물리적 요법으로서의 스포츠는 사실상 심리요법인 것이다. 스포츠를 삶의 기술이라는 포괄적 범주 안으로 편입하면 육체지상주의 시대에 스포츠가 자초했던 몇 가지 문제들을 막아낼 수 있을지도 모른다. 즉 이 편입은 스포츠가 더 이상 내면적 의미 없이 곧바로 건강한 육체에 대한 상투적 표상에 상응하기 때문에, 그렇게 단련된 우람한 근육을 통해 상징되는 것처럼 단순히 외적 형식의 형성만을 위해 행해지는 것은 아님을 의미할 수 있을 것이다. 또한 이것은 스포츠는 그때마다 개인에게 최선으로 주어지는 정도에서만 행해진다는 것을 의미하기도 한다. 외부로부터뿐만 아니라 내부로부터, 그리고 스포츠가 변질될 수도 있는 중독으로부터 넌지시 시사되는, 삶의 기술에서 과잉을 막아주는 전형적 신중함을 통해서 말이다. 그러나 이 편입은 반대로 육체지상주의 문화의 광범위한 스포츠화 때문에 스포츠를 포기했던 사람들에게 비로소 스포츠 자체가 매력적으로 보이게 된 것을 의미하기도 한다.

영혼을 돌볼 수 있도록 돕는 육체 문화는 접촉의 기술을 포함할 수 있다. 접촉은 육체적·정신적 에너지를 활성화하고 유동시키는 데 기여한다. 건강과 건재함은 인간의 오감 중 피부를 통해 전달되는 이 감각의 덕을 보고 있다. 접촉은 '전기를 일으킨다'. 이것은 순전히 육체적인 사건이 정신적으로 작용하는 뚜렷한 예이다. 같은 근거에서 접촉은 선호되는 에로티시즘의 테크닉이기도 하다. 어쩌면 너무 지나쳐서가 아니라, 매번 부족해서 서운해하게 되는 유일한 테크닉이다. 몸을 쓰다듬는 접촉은 피부에 있는 500만 개의 말초신경을 활성화한다. 그리고 가장 큰 효과는 자신을 돌보는 한 방법일 수 있는 스스로의 접촉이 아니라, 타자를 통한 접촉에서 발생한다. 접촉은 사람의 탄생 때부터 의미가 있다. 많은 피부 접촉을 경험하는 젖먹이들이 접촉 없이 자라는 젖먹이들보다 더 또랑또랑하고 신체적으로도 더 활발한 움직임을 보일 만큼 접촉에는 큰 의미가 있는 것이다. 20세기 초 미국의 '기아보호소'에서는 위생과 세균 감염 방지를 이유로 어린아이와의 접촉을 금지했는데, 이런 조치가 어린아이들에게는 매우 치명적이었다. 이런 쓸쓸한 결과가 나온 것은 신체적 원인들 때문이었다. 접촉은 복잡한 연쇄작용을 통해 면역체계의 구축에 결정적으로 관여하기 때문이다. 문화사에서 접촉의 마력이 잘 알려진 것은 우연한 일이 아니다. 그렇기 때문에 손의 치료효과, 안수의 치료효과에 대한 이야기들이 종종 들려오는 것이다.

그러나 삶의 기술로서의 건강에서 질병과의 소통에 있어 치료가 문제 되는 한 이렇게 말할 수 있다. 치료를 하는 것은 의사도 아니고 약도 아니다, 치료를 하는 것은 인간 자신의 육체, 정신, 사고의 힘이라고 말이다. 이 힘들은 외부로부터도 촉진될 수 있다. 이 힘들을 분출시키고 이 힘들이 우러나오는 원천들을 찾아내는 것이 치료 과정에서 시급한 과제이다. 이를 위해 신체와 정신을 넘어 심신상관 의학 개념을 사유심신상관 의학Noopsychosomatik으로 확대할 필요가 있을지도 모른다. 그리스어로 누스nous인 사유를 함께 고려하기 위해 말이다. 이것의 바탕에는 개체로서의 인간에 대한 통합적 인간상이 놓여 있다. 육체, 영혼 그리고 정신의 측면들은 서로 분리된 채 관찰되는 것이 아니며, 또 개별적인 인간들도 분리된 존재로서가 아니라 타자들과 더불어 살아가는, 삶과 죽음의 문제에 대해 나름대로 사유하는 의식적 존재로서 관찰된다. 무엇보다 인간적 삶의 정신적 측면은 육체를 넘어 심리까지 연관시켰던 근대의 질병이론에서도 거의 참작되지 않았다. 그러나 인간의 사고에서 육체와 영혼에 두루 영향을 미칠 수 있는 삶의 의미에 대한 숙고는 정신을 통해 행해진다.

병이 전적으로 육체적인 것으로 조건 지어진다 할지

라도, 그것이 병은 역시 육체적으로 극복될 수 있다는 것을 의미하는 것은 아니다. 병을 극복하기 위해서는, 비록 객관적으로 측량할 수는 없더라도 '영혼'에서 방출되는 엄청난 에너지가 필요할 수 있다. 또한 영적 에너지에 다시금 방향을 제시해주거나 아예 그것을 일깨우고 유인하고 자극하는 사고 과정과 사유의 노력이 필요할 수도 있다. 자기관련의 결핍, 자기애와 스스로 친구 되기의 결핍은 이런 에너지가 활성화되지 않는 결과를 초래할 수도 있다. 자기관련이 결핍되면 다시 타자들에 대한 연관의 결핍을 초래할 수도 있을 것이다. 이런 결과는 외부의 간섭과 자극을 통해 내면적 에너지를 촉진할지 모르지만, 공허에 빠지거나 거부당하지 않기 위해서는 수용과 반영을 얻어내지 않으면 안 될 것이다. 이런 이중적 의미에서 효험이 증명된 치료에 유익한 영적 힘이 자기 자신에 의해 무력화될 수도 있는 것이다.

삶의 기술로서의 건강에서 설명이 필요한 측면은 초월성 차원에 관련된 문제이다. 병까지 연관시키는 포괄적 의미에서 건강을 얻는다는 것은, 그런 연관이 이를 위한 기반을 형성하지 않는다면 부질없는 일이다. 그러나 심원함을 간직한 전래적 치료사상으로 피난하지 않고 이런 연관이 어떻게 형성될 수 있는가가 문제이다. 의심스러운 '진리'의 요청에 따라 제기되는 규범으로 다시 돌아가지 않기 위해 원망법願望法, Optativität의 기본사상이 유지되어야만 할 것 같다. 초월성과 관련된 연관이 무엇인지 더 잘 이해하기 위해서는 제한 없고 진지한 종교성의 복구가 무척이나 필요하다. 이것이 '형이상학적 치료'에 대한 질문에 관련될 수도 있는 기본적이고 제거할 수 없는 비극적 사태와 우리를 새롭게 대질시키는 21세기의 한 과제이다.

18.
쾌활함,
충만한 삶의 실현

우리는 쾌활함이 유난히 적합하지 않은 시대를 살고 있
다. 나쁜 소식들이 너무도 많이 밀어닥치는 것이다. 쾌활
함보다 절망이 더 가까이에 있어서 그런 것 같기도 하다.
그런데도 굳이 왜 쾌활함에 대해 말하려는 것인가? 쾌활
함에 대한 이런 새삼스러운 관심은 어디서 유래하는가?
우리가 확인할 수 있는 것은 우선 쾌활함은 삶의 기술, 자
기염려, 마음의 평정 등과 마찬가지로 근대에 들어서 그
리고 근대철학에서 광범위하게 잊혀온 일련의 개념에 속
한다는 사실뿐이다. 쾌활함은 우리의 내면에, 우리의 삶
의 태도와 형식 안에 정착시키지 못할 경우 결핍을 면하

지 못할지도 모르는 지속적인 존립요소이다. 쾌활함은 지속적인 삶의 양식에 해당한다. 이 개념의 본질적 요소는 이 개념의 역사로 거슬러 올라감으로써만 밝혀질 수 있다. 이 개념이 드러날 때 비로소 근대에서 그것이 실종된 일과 그것을 복구할 가능성의 근거들을 논의할 수 있을 것이다.

쾌활함은 생산될 수 있다. 쾌활함은 의식적으로 선택하고 노력을 통해 체득함으로써 만들어지는 하나의 태도이니 말이다. 그것은 사물과 세계의 특정한 전망과 결부되어 있다. 쾌활함은 삶을 수행하는 한 형식이다. 쾌활함에서는 사유의 도움 아래 자기가 의식적으로 취한 신중한 심성의 성향이 중요하다. 이 성향은 성찰 활동과 결부되어 있다. 이것은 철학적으로 영감을 받아 집필된 쾌활함에 관한 근원적 텍스트, 즉 데모크리토스Democritos, BC 460경~370경가 기원전 5~4세기에 쓴 논술문 〈쾌활함에 관하여〉에 이미 드러난다. 보존되어 전해지는 단편들은 에우튀미아euthymia, 즉 심성의 호의, 좋은 기분 상태에 관해 말하고 있다. 이 상태는 우연히 이렇게 또는 저렇게 나타날 수 있는 마음 상태 이상의 무엇이다. 데모크리토스는 쾌활함은 쾌락을 적절히 다루는 데서, 그리고 '균형 가운데의 삶'으로부터 인간들에게 생겨나는 것이라고 말하고 있다.

이 '균형 가운데의 삶'이 결정적이다. '대칭을 이루는 삶', 모든 것에서 과잉과 과소 사이의 균형을 이루는 것— 이것을 산술적 중간치와 혼동해서는 안 된다—, 육체, 영혼과 정신의 여러 요소들의 조화 말이다. 대칭을 이루는 삶은 호의를 실현시킨다. 이것을 통해 쾌활함을 경험할 수 있게 되고, 대립되는 악감정과 언짢음을 피하게 된다. 근본적으로 마찰 없이 일어나는 일은 아무것도 없으며, 어떤 것도 문제없이 기능하지는 않는다는 사실로부터 출발할 때, 악감정은 예방된다. 도구들은 근본적으로 휘고 비틀어져 있다. 그런 도구들을 일단 생긴 그대로 사용하는 것이 중요하다. 이런 사실은 사람들과의 소통에서도 유효하다. 사람들을 있는 그대로 받아들이는 것이 좋다. 노력과 수련을 통해 타자의 개성과 독특함을 주어진 그대로 받아들이는 데 익숙해진 사람은 언짢은 기분 대신 유쾌한 기분에 이르게 된다.

나아가 기쁜 일에 대해서는 실제로 기뻐하는 것이 중요하다. 이것은 기쁜 일을 긍정하고 기쁘지 않은 일을 부정하는 태도와는 다르다. 근대의 긍정적 사고는 중요하지 않다. 왜냐하면 근대의 긍정적 사고와 달리 자기는 여기서 '부정적인 것'을 위해 준비하며, '긍정적인 것'을 고려하지 않기 때문이다. 바로 이런 이유에서 자기는 환멸에 대해 저항력을 가지고 기쁜 일을 받아들일 수 있게 된다. 삶의 모든 상황에서 불쾌한 일들을 가볍게 그리고 별의미 없는 것으로 여기면, 실제와 달리 어려운 일을 흔쾌히 감수할 수 있고 심지어 즐거운 삶까지도 가능하다. 삶의 저울 위에 균형이 이루어질 수 있는가 하는 것은 사유에서 무게를 어떻게 할당하는가에 달려 있다는 말이다.

이것이 의심스러운 경우, 균형 잡힌 삶은 관점의 문제이다. 개인은 상황에 따라 일이 잘되고 있는 사람의 관점보다는 나쁜 처지에 있는 사람의 관점과 비교되도록 자신의 관점을 선택한다. 관점에 따라서는 쾌활한 상태에 이르기 위해 독특한 또는 얄궂은 제안이 고대의 다양하기 이를 데 없는 저술가들 사이에 등장한다. 그렇게 실행하지 않은 자는 스스로 처벌을 받는다. 즉 그런 사람은 어느 높이까지 기어올라갔든, '더 높이 있는 자'와 비교해 결핍을 느끼게 된다. 설령 자신이 왕이라 할지라도 신들이 소유한 모든 것에 대해 결핍을 느끼는 것이다. 근본적으로 타자에게는 부러워할 만한 것이 지나치게 많다고 추측되는 반면, 자신에게는 마치 커튼 뒤를 보는 것처럼 부러워할 만한 것이 너무도 적게 발견되는 경우가 다반사이다. 그래서 사람들은 '우리의 삶은 부러워할 만하다'고 말하는 대신 자가당착에 빠지고 만다.

균형을 이루는 삶은 자기가 스스로에게 행하며, 그 도움을 통해 태도로서의 쾌활함이 생겨나는 작업과 관련이 있다. 쾌활함은 평정의 태도이다. 때때로 '의젓한 쾌활함'이라는 관용적 표현으로 요약되기도 한다. 이 '의젓한 쾌활함'은 그러나 스토아 학파인 세네카의 말에 따르면, 동의어 반복에 지나지 않는다. 세네카는 기원후 1세기에 쾌활함이라는 개념에 스토아적 표현양식을 부여한 바로 그 사람이다. 그는 그리스어 에우튀미아의 라틴어 번역어로 평정tranquillitate이라는 개념을 택한다. 그는 자신의 글 〈마음의 평정에 관하여De tranquillitate animi〉를 이 평정이라는 개념에 바치고 있다. 이 글은 무위無爲나 정적주의靜寂主義와 혼동해서는 안 되는 영혼의 해맑음과 한결같음에 대해 이야기하고 있다.

쾌활함의 기본은 균형 잡히고 잘 조직되고 평형이 이루어진 자기, '폭풍 한가운데에서도' 한결같음을 보존하며 '가벼운 마음으로' 많은 것을 받아들일 수 있는 확고부동한 영혼이다. 즉 쾌활함의 기본은 자기강화의 달성인 것이다. 그러한 자기통제력에 도달하기 위해서는 문제 되는 모든 사항에 대해 그것들이 '나의 세력 안에' 있는지의 여부와 나의 세력 안에 있다면 어느 정도 그런지를 명료하게 할 것이 권장된다. 자기강화는 마음의 평정을 가능하게 해준다. 말하자면 '나의 세력 안에' 있지 않은 모든 것을 대하고 그것을 허용하는 일을 가능하게 해주는 것이다. 이것은 수용능력 강화와 연결된다.

참된 자기강화는 영리한 염려를 바탕으로 불안한 걱정으로부터 자유로워지는 것이며 불안에 대한 불안으로부터도 자유롭다. 자기강화는 약해질 수 있는 자기를 강하게 만들어준다. 영리한 염려는 자기의 확고부동함을 얻으려고 애쓴다. 이 확고부동함은 자기를 자신 안으로 가두는 것이 아니라, 타자들에 대한 가능한 한 가장 폭넓은 개방성을 의미한다. 그러나 이것은―세네카가 그 길을 매우 정밀하게 서술한 것처럼―, 우리가 우선 자신에 대해 명확히 알고, 우리가 가지고 있고 정당하게 관찰해야할 특성들에 관해 설명할 때만 달성될 수 있다. 나아가 자기에게는 자기 자신과의 관계를 강화하기 위해 친구가 필요하다. "그들의 쾌활함이 우울을 풀어주고, 그들의 모습을 보는 것만으로도 기쁨을 느끼게 된다." 물론 그들의 모습은 겉으로 드러나는 아름다움만을 의미하는 것은 아니다.

또한 소유에 집착하지 않는 것이 중요하다. 소유에 집착하면 소유를 염려하지 않을 수 없게 되고, 소유를 염려해야만 하며, 불가피하게 그것에 열중하게 된다. 그리하여 한편으로는 자신을 온전히 소유하는 것이 중요함에도 불구하고, 소유에 사로잡힐 수밖에 없게 되는 것이다. 전체적 삶의 방식은 중용을 갖춰 정돈되어 있어야 한다. 왜냐하면 우리가 일컫는 그런 '간소한 삶'은 운명의 공격을 받을 때 피해 면적을 훨씬 덜 내주기 때문이다. "심한 폭풍우는 돛을 너무 넓게 펼친 사람들에게만 휘몰아친다." 일어나고 있는 일에 더 이상 놀라워만 할 수는 없다. 오히려 모든 것에 대비하고 '우아한 순결 가운데의 삶'에 어떤 환상도 품지 말아야 한다. 죽음에 대한 두려움을 가져서도 안 된다. 이것에 대해서는 죽음이 본래 생식과 함께 결정되어 있는 사안이며, 삶의 한 조건이고, 삶의 공식이라고 말하는 것이 도움이 될 것이다.

쾌활함이라는 개념의 회복이 중요하다면, 무엇보다 먼저 한 가지 사실을 확인해야 한다. 즉 쾌활함Heiterkeit은 기쁨Fröhlichkeit이 아니라 충만한 삶의 표현이라는 점이다. 쾌활함은 기쁨이 아니다. 설령 기쁨이 때로는 쾌활함의 한 표현양식이라 할지라도 말이다. 심지어 지나친 기쁨은 쾌활함을 완전히 그르치기도 한다. 지나친 기쁨은 충분한 근거가 없는 한, 어리석어 보이기까지 한다. 기쁨은 그저 하나의 격정에 지나지 않는다. 기쁨은 태도로서의 쾌활함이 더러 표현되는 격정에 지나지 않는다는 말이다. 기쁨은 소소한 탐닉, 들뜬 기분, 환호와 쾌재, 쾌활함의 추를 자기 쪽으로 돌리게 하는 평정을 벗어난 분망함에 지나지 않는 것이다. 때로는 그런 흥분 가운데 정신을 잃는 것도 환영할 만한 일일 수 있다. 그러나 어디까지나 삶 속에서 균형을 이루기 위해 조정이 필요한 실존의 심연에 대한 경험을 배경으로 할 경우에 한해서이다. 균형 있는 삶은 그렇게 해서 생겨난다. 그런 가운데 삶의 양극성이 확인되는 것이다.

그러므로 기쁨은 물리쳐야만 할 어떤 것은 아니다. 오히려 균형 잡힌 삶의 구성요소로 여겨질 수 있다. 이것은 유쾌해짐을 통해 논의의 입구를 찾아낸 쾌활함의 한 측면에도 적용된다. 쾌활함을 달성하는 테크닉에 관해 서술할 때 철학자들이 경의를 표하는 측면이기도 하다. "우리는 정신에 원기회복의 여지를 마련해줘야만 한다. 그리고 정신에 영양과 원기회복을 위해 필요한 여유를 다시 베풀어야 한다. 또한 포장되지 않은 산책로를 산책해야 한다. 그럼으로써 탁 트인 천공 아래에서 신선한 공기를 접하여 생기가 돌고 의기양양해진다. 때로는 말을 타고 나가는 소풍, 여행 그리고 다른 지역에 머무는 것이 새로운 기운을 북돋워줄 수도 있다. 사교 모임과 자연스러운 술자리도 그렇다. 가끔은 거의 취한 상태에 다다르는 것을 용인해야 하겠지만, 취함이 우리를 익사시키지 않고 그저 적시는 정도까지여야 한다." 여기서 세네카는 스토아 학파의 전통에만 머물고 있다. 그러나 스토아 학파의 시조始祖인 크리시포스Chrysippos, BC 281/277~208/204는 매일같이 미취微醉를 즐겼다고 한다. 물론 세네카가 경고한 대로 "정신이 나쁜 습관에 물들지 않도록 그것을 자주 즐기지는 말아야 한다".

쾌활함은 해학과 웃음과 연결되어 있다. 그러나 반드시 그렇다는 뜻은 아니다. 어떤 것은 스스로 원하든 원하지 않든 익살스러워서 사람들이 말하는 대로 오락을 꾀할 수 있다. 결정적인 것은 나락에 대한 의식이다. 쾌락의 표현이 문제 된다면 미소가 알맞은 표현이며, 웃음은 그다지 알맞지 않다. 미소는 어쩌면 거의 인지되지 않는 것 같다. 다만 예로부터 쾌활함의 표현으로 인정받고 있는 구름 끼지 않은 얼굴이 인지될 뿐이다. 주체는 미소를 통해 웃음이나 울음으로는 거의 증명할 수 없는 자신의 우월성을 보여준다. 웃음이나 울음이 갑작스럽게 폭발해 얼굴 표정을 자의적으로 일그러뜨리는 것과는 달리, 주체는 미소로 자신의 표정을 섬세하게 조절한다.

쾌활하게 미소 짓는 얼굴은 자기확신을 증명한다. 그것은 슬픔의 심연에서도 드러난다. 슬픔은 기쁨에 대비되는 개념이지만, 쾌활함에 대비되는 개념은 아니다. 왜냐하면 주체는 슬픔의 심연이 메워져 평평해질 수 없다는 사실, 오히려 슬픔의 심연은 삶에 본질적이라는 사실을 알고 있기 때문이다. 결과적으로 쾌활함은 멜랑콜리와 그리 멀지 않다. 적어도 쾌활함은 멜랑콜리와 대립되지 않는다. 왜냐하면 쾌활함은 멜랑콜리의 심원한 경험을 의심하지 않으며, 거기서 다른 결론만을 얻어내기 때문이다. 즉 멜랑콜리한 주체와 달리 쾌활한 주체는 어떤 나락에서도 안전의 경험을 신뢰한다. 극단적인 경우 쾌활함은 바로 이 실존의 나락을 향유한다. 이때 주체는 다른 사람들이 심연을 부정하거나 또는 메워서 평평하게 만들기 위해 허비하는 힘들을 보존하고 있는 것이다.

결국 쾌활함이 지극한 행복의 한 형식일 뿐이라면, 이 지극한 행복은 '행복'이라는 근대적 개념과 혼동될 수 없다. 쾌활함은 충만한 삶 가운데서의 실현이며, 무엇보다 삶의 충만으로 가득 채워져 있다. 경험이 풍부하고 폭이 넓은 자기 안에서 발견되며 삶의 균형을 형성하는 규칙성과 모순성으로 채워져 있는 것이다. 쾌활함은 유한성으로의 갇힘이 아니며, 오히려 무한 차원을 향한 개방성이다. 무시할 수 없는 그 현재화의 무게를 새롭고 가볍게 짊어지기 위한, 짐으로 여겨지는 지상의 삶으로부터의 사유를 통한 해방이다. 이 자기는 세속적 의미로 우주의 둥근 천장 안에서 안전을 느낀다. 종교적 의미에서는 영혼을 신의 손에 맡기는 헌신이 중요하다. 두 경우 다 궁극적 위안을 의미한다. 위안은 쾌활함의 기본을 이루는 특징이다.

그렇다고 해서 이것이 곧 '성공적인 삶'을 의미하는 것은 아니다. 왜냐하면 삶의 나락에 해당하는 좌절이 문제 되기 때문이다. '진정되지 않는 동경 때문에 생긴 고통'으로 말미암아 타격을 입지 않으려면, 쾌활한 사람은 삶에서 성공하기 위해 노력해서는 안 된다는 것이다. 우리는 기원후 1~2세기경 약 80편의 논설문(《윤리론집Moralia》) 가운데 한 편을 쾌활함에 바친 플루타르코스로부터 이것을 배울 수 있다. 우리 자신의 능력 안에 존재하는 것을 얻으려고 노력을 기울이는 것은 쾌활함에 대해 의미를 지닌다. 우리가 이것을 게을리한다면, 언젠가는 회한이 우리의 영혼을 엄습할 것이다. 상처로 말하자면, 영혼의 피를 쏟게 하는 상처를 남길 것이다. 쾌활함은 후회 없는 삶을 이끄는 것을 말한다. 후회는 우리의 능력 안에 있지 않은 운명에 대한 고뇌보다 더 고약하기 때문이다. '아름다운 활동'은 어떤 후회도 불러일으키지 않는다. 이것으로부터 끌어낼 수 있는 결론은 쾌활함은 아름다움의 실현과 더불어 커진다는 사실이다. 이것을 다른 말로 옮겨보면, 제약 없이 긍정할 만한 가치를 지닌 것을 의미할 수 있다. 어쩔 수 없는 제약들 역시 긍정할 만한 가치로 파악하는, 제약 없이 긍정할 만한 것. 그렇게 해서 비로소 삶이 축제가 되는 것이다.

쾌활함의 개념은 서구 역사에서 일종의 운명적 전환, 기쁨이라는 개념으로의 위치 변화를 경험했다. 기독교 교부들이 이 개념을 새롭게 해석하는 과정에서 이런 일이 일어났다. 플루타르코스의 논술 〈쾌활함에 관하여〉에 나오는 용어와 사상의 흐름은 기원후 4세기, 예컨대 바실리우스Basilius, 330~379의 설교문 〈감사문에 관하여〉에 다시 등장하는데, 이때에는 변동된 방향성을 동반했다. 그리스도가 대변하는 죽음의 극복에 대한 믿음, 하느님과의 영적 융합이 마음의 쾌활함을 불러일으킨다는 것인데, 이때의 쾌활함은 철학적 개념으로서의 쾌활함이라기보다는 과잉된 환희에 더 가깝다. 초기 기독교에서 이런 쾌활함의 속성을 이루던 과잉은 이후 시대에서는 점차로 사라진다. 그리하여 경건주의에서는 심지어 '쾌락의 금지'까지 관찰되기에 이른다.

이런 새로운 해석과 동시에 멜랑콜리에 대한 불구대천의 적대감이 역사를 통해 서서히 길러진다. 이 적대감은 기독교 신자들의 쾌활함에 대해 나락을 인정하는 것이 아니라 이 세계에서 '부정적인 것'을 제거하려는 계획에 맞춰 멜랑콜리를 극복하려는 의도를 바탕에 두고 있었다는 사실을 명백하게 보여준다. 이런 기본태도는 결국 '근대'와 더불어 세속적인 계획사업이 된다. 18세기 말과 19세기 초의 근대는 한편에는 다시 발견된 고대의 쾌활함이 존재하고, 다른 한편에는 세속적 금과옥조가 되었고 낙관주의적 진보에 대한 믿음의 형태를 취한 세속화한 기독교의 기쁨이 존재하는 이원성을 그 탄생에서부터 알고 있었다. 낙관주의는 이런 원천에서 양분을 공급받고 근대를 특징짓기 시작했으며, 근대는 그것으로 살 수 있었다. 쾌활함의 부재는 심원성을 망각한 결과이다. 낙관적인 근대는 바닥이 보이지 않는 쾌활함을 필요로 하지 않는다. 왜냐하면 낙관적인 근대는 '긍정적인 것'의 계몽적 힘과 학문 및 기술의 도움을 통한 법칙적 진보의 추진력을 믿기 때문이다. 고전적 쾌활함과 낭만적 쾌활함은 모두 이런 낙관주의의 반대쪽에서 당초의 머뭇거림을 거쳐서 피어난다. 노발리스 같은 낭만주의자는 전적으로 균형을 이룬 삶이라는 의미에서 삶의 쾌활한 측면과 어두운 측면을 소설과 같은 새로운 삶으로, 예술작품으로 함께 펼치고자 했다. 그러나 허사였다.

　낙관주의에서 일종의 불운을 보았던 19세기의 두 사상가도 낙관주의의 독특한 활력에 저항하지 않았다. 쇼펜하우어Arthur Schopenhauer, 1788~1860는 저서《삶의 지혜에 대한 잠언록Aphorismen zur Lebensweisheit》에서 사유에 따라 정해지지 않고 인간의 실존 안에서 실현되는 쾌활함을 설계한다.《비극의 탄생Geburt der Tragödie》(1872)을 통해 쾌활함의 고대적 형식에 지속적으로 주의를 환기한 니체는 쾌활함을 단순히 아폴론적인, 나락에서 벗어난 가상세계로 파악하려는 시도로부터 구출해내고자 한다. 니체는 이런 쾌활함에 비극성, 고통과 고뇌를 근본적으로 부정하지 않는 디오니소스적 쾌활함을 맞세운다. 앞으로 올 시대에서도 이 쾌활함의 복구가 절대적으로 필요하다고 그는 생각한다. 왜냐하면 "길은 오로지 쾌활함을 통해서만 구원으로 이어지기" 때문이다. 쾌활함은 니체의《즐거운 학문Die fröhliche Wissenschaft》의 중심개념이다. 이 책은 세간에 알려진 기쁨과는 거의 관계가 없다. 오히려 신의 죽음 이후 쾌활함으로부터 무엇이 생성되는가 그리고 쾌활함이 어떻게 그것의 본래적이고 철학적인 개념으로 다시 돌아갈 수 있는가 하는 질문에 대한 답변을 추구하고 있다.

극도로 근대비판적인 위의 두 20세기 사상가는 쾌활함을 기쁨으로 바꾼 기독교의 근대적 재해석을 예감하지 못한 채 따르고 있다. 이 재해석은 바로 이 두 사상가가 멀리하고 있다고 생각했던 시대정신의 완벽한 표현이다. 하이데거에게 쾌활함은 일종의 '기분', 희망·환희·감격과 같은 '격정'이다. 아도르노는 홀로코스트라는 사건 이후 심미적으로 쾌활함을 더 이상 허용하지 않으려 하며, 바닥없는 쾌활함이 강제수용소에 갇힌 사람들에게 줄 수 있었던 어떤 의미도 인정하지 않는다. 빅토르 프랑클Viktor Frankl, 1905~1997의 보고(《……그럼에도 불구하고 삶에의 긍정을 말하다》)에 따르면, "주어진 관계들에 대해 이렇게 또는 저렇게 대비하는 마지막 인간적 자유"만이 아니고 모든 자유를 가져야 했던 그 수감자들에게 주어진 어떤 의미도 인정하지 않는다는 뜻이다. 프랑클은 '수용소 유머'라는 표제 아래 "수용소 생활 속에서도 삶의 기술이라는 의미에서 태도를 설정할 수 있는 가능성"을 강조해서 언급하고 있다. 외관상 삶의 조건이 절대적인 강제수용소 안에서 나락을 면전에 두고 태도를 설정하는 가능성을 말한 것이다.

쾌활함이 실존과 나락의 대결 가운데 생긴다는 사실은 놀랄 만하다. 그렇다면 삶이 힘들어지는 바로 그때, 밑바탕에 놓여 있는 비극성을 부정하지 않는다는 점에서 뛰어난 진통제로서의 쾌활함이 생성된다. 나락의 지양 불가능성에 대한 의식이 있는 곳에, 언젠가는 지배적일 수 있는 낙원과 같은 상태에 이르는 진보에 대한 믿음이 널리 퍼지지 않은 바로 그때, 쾌활함이 펼쳐진다. 현대에서 쾌활함이 실제로 '망명'할 수밖에 없다면, 그것은 현대에 비극적 의식이 결여된 데 원인이 있다고 할 것이다.

자기강화의 표현으로서 쾌활함은 일반적 기쁨을 가장하는 데 의지하는 타율적 힘의 정반대편에 있는 자율적 힘의 한 형식이다. 쾌활함의 귀환은 '다른' 현대에 기여한다. 쾌활함이 근대의 관심사가 아니었던 반면, 쾌활함의 귀환은 근대의 본질적 성취, 무엇보다 지나치게 낙관적인 환상과 결부되지 않고 인간 품위의 실현을 위한 변화와 개

선에 기울인 노력을 그대로 보존하고 있는 '다른' 현대의 상황을 받아들이게 될 것이다. 나아가 근대가 생명력을 가지지 못한 것으로 증명되는 지점에서 근대를 수정하고, 다른 문화의 성취를 다시 발견하기 위해 무엇보다 당대의 문화를 변화시킬 것이다. 쾌활함은 단순한 현재보다 더 포괄적인 시간의 차원에서 펼쳐진다. 시간을 계속적인 순간으로 축소시키고 있는 근대의 시간 문화는 부득이하게 쾌활함을 놓칠 수밖에 없다. 이미 일어난 일과 일어날 수도 있는 일을 쾌활함은 알고 있다. 어떤 연속성이 시간을 통해 이어지는지, 어떤 불연속성들이 반복해서 시간을 깨뜨리는지, 무엇보다 인간적 실존의 전체적 진지함이 그것의 우주적 무無에 부딪혀 어떻게 부서지는지를 풍부하게 보여주는 외부로부터의 시간을 향한 시야를 쾌활함은 알고 있는 것이다.

우리는 이 새로워진 쾌활함을 사물들과 자기 자신에 대해 거리를 유지하려고 노력하는 자기의 유쾌한 회의懷疑라고 서술할 수 있다. 이 쾌활함은 불확실성 때문에 지나치게 괴로워하지 않으면서도 확실성의 가능성에 대해서는 회의적이고, 사물들이 그저 선하거나 악하고 아름답거나 추하기만 한 것을 막아주는 근본적인 모순구조에 대해 알고 있다고 말이다. 이 쾌활함은 계몽된 계몽주의, 즉 지식의 완결성에 대해 회의하는 가운데 데모크리토스 이래 연관성들을 명백히 해주고 해명해주기 때문에 쾌활함의 원천에 해당하는 지식의 작업을 포기하지 말아야 한다. 쾌활함은 조롱과 관계를 맺지 않고 있지만, 반어와는 관계를 맺고 있다. 쾌활함은 조심스러운 것이다. 일종의 겸손한 태도이다. 결코 큰 소리로 웃는 웃음이 아니다. 오히려 진지하고 진심 어린 기획이며 철학적 구상이다. 그러나 이 개념에 대한 모든 작업에서 우리가 간과하지 않는 그 실존적 실천은 여전히 각각의 주체 자신에게 맡겨져 있다.

19.
행복에 이르는 길

'행복'에 대한 질문은 인간들을 안절부절못하게 만든다. 우리는 그것을 탐색하는 데 철학이 도움이 될 거라 기대한다. 이때 근대철학보다는 차라리 고대철학을 참고하면 풍부한 내용을 발견할 수 있다. 행복에 대한 자세한 개념의 기본 텍스트는 우연의 일치인지 몰라도 '윤리' 개념의 기본 텍스트이기도 하다. 《니코마코스 윤리학*Ethika Nikomacheia*》에서 아리스토텔레스는 "삶 자체를 선택하는" 것이 모든 개인에게 중요하다는 점으로부터 출발한다. 이때 삶의 목표로서의 에우다이모니아Eudaimonia, 일반적으로 '행복'이라고 번역되는 선善이 등장한다. 이 선으로서의 행복이 어떻게 이해될 수 있는가를 좀 더 면밀하게 고찰하는 것은 가치가 있다. 아리스토텔레스가 말하는 행복에 대한 일곱 가지 규정은 행복에 대해 나름의 숙고를 시작하려는 시도에 큰 도움이 될 것이다.

1. 행복은 선택 가능한 선이다. 아리스토텔레스가 관찰했다고 생각되는 대로 말하자면, 모든 사람은 선을 얻고자 애쓴다. 심지어 최선이자 최고의 선을 추구한다. 이러한 선의 인식은 개별적 삶의 방향 설정에 기여하며, 결국 개인의 삶에 결정적 영향을 미치게 되는 공동체 안에서의 삶의 실행에도 기여하게 된다. 이런 추구의 대상이 되는 선이 바로 행복이다. 이 행복은 일반적인 믿음과는 달리 개인의 관여 없이 그저 개인에게 주어지는 어떤 것이 아니다. 행복에 이르는 길에서 근본적인 것은 오히려 선택이다. 이 선택은 그리 어렵지 않을 수 있다. 왜냐하면 행복은 실제로 "가장 선택할 만한 가치가 있으며", 다른 어떤 것보다 한층 더 선택할 만한 가치가 있기 때문이다. 행복의 선택은 무엇보다 삶의 형식에 해당한다. 행복은 우리가 선택하고 전체 삶에 방향을 부여하는 삶의 방식에

바탕을 두고 있다. 아리스토텔레스는 그 자신의 가치평
가에 따라 상승적 서열로 세 가지 삶의 형식, 즉 쾌락으로
기울어진 삶의 형식, 공동체적 일에 바쳐진 삶의 형식, 그
리고 이론적인 삶의 형식만을 알고 있었지만 말이다. 다
른 많은 삶의 형식들도 생각해볼 수 있으며 시험해볼 만
하다.

2. 행복은 하나의 특수한 행위이다. 선택은 끝났지만 그
선택의 실천은 아직 이행되지 않았다. 선택은 단순한 상
태가 아니라 행복한 삶의 능동적 실현을 요구한다. 행복
한 사람에게 선한 삶은 선한 행위이다. 그리고 이것은 뛰
어남, 탁월함Exellenz의 관점에서 볼 수 있는 행위이다. 한
때 사람들은 이에 상응하는 그리스어 아레테Arete를 '미
덕'이라고 번역했다. 그러나 이것이 가장 정확한 번역은
아닌 것 같다. 왜냐하면 아레테는 결코 도덕적 개념만은
아니며, 하나의 도덕 외적 개념이기 때문이다. 그리고 '미
덕'이라는 말로써 이미 뭔가를 생각할 수 있다면, 그것은
뛰어남이다. 행복을 경험하게 해주는 '작품'은 탁월함이
라는 관점에서 영혼의 활동으로부터 태어난다. 평범한 일

상적 활동들을 탁월하게 실행하는 것도 행복한 경험이 될 수 있다. 중요한 것은 행복에 대한 작업, 이런 행복을 위해서는 영적으로 그리고 일상적으로 평생에 걸쳐 뭔가를 행하지 않으면 안 된다는 통찰이다.

3. 행복은 얽힘 가운데의 삶이다. 근본적으로 행복은 "자체로 만족하는" 무엇이다. 왜냐하면 그것이 다른 어떤 선을 위해 추구되는 것이 아니라, 그것 자체로 최고의 선이기 때문이다. 그러나 아리스토텔레스는 이 "자족하는" 행복의 개념 규정이 당시에 이미 시사되었던 오해와 연관될 수 있다는 점을 즉시 인식한다. 행복의 이런 자주성은 인간의 삶 자체만을 의미하는 것이 아니라, "얽힘 가운데 있는 삶", 그러니까 가족, 친구들, 사회와 같은 공동체적 관계망에 속하는 삶을 뜻한다. 또한 이것은 단지 공시적이기만 한 것이 아니라, 통시적이기도 하다. 동시대를 살고 있는 친구들의 운명뿐 아니라, 후세의 자손도 행복 문제에 포함된다. 이것을 행하지 않는 것은 "비우호적"으로 보인다. 아리스토텔레스는 《니코마코스 윤리학》의 열 개 장章 가운데 두 개 장을 할애해 우정의 특별한 의미, 선택의 이

런 연관이 가지는 특별한 의미를 우선적으로 고려하고 있다. 우정 가운데에서 행복이 실현되기 때문이다. 물론 이용하기 위한 우정, 쾌락을 위해 맺어진 우정에는 이런 논의가 적용되지 않는다. 오로지 우정 자체만을 위한 친구들의 상호관계에 근거하며, 우발적 이익이나 쾌락에 의존하지 않고, "중상모략이 통하지 않는" 참된 우정에만 적용된다. 그런데 타인과 우정관계를 맺을 수 있는 근거는 자기 자신과 스스로 친구가 되는 것이다. 스스로와 친구 되기는 "자신과 하나가 되지 않고", 스스로에게서 달아나며, 삶에 싫증을 느끼고 타자들에게서 잊히기를 바라는 사람들에게는 일어나지 않는다. 그런 사람들은 "사랑할 만한 것을 아무것도" 지니고 "있지 않다". 말하자면 자기 자신에게 "어떤 다정한 감정"을 느낄 수가 없는 것이다. 그들은 공동체 안에서 기쁨과 고뇌를 함께 나누지 않으며, 오히려 그들 영혼의 한쪽이 괴로워할 때 다른 쪽의 영혼이 그것을 즐거워한다. 자기는 다른 여러 부분들을 그야말로 파편으로 조각내버린다. 그러고는 곧바로 그것을 후회할 뿐이다. 자기연관을 명백히 하고, 자기 안에 일관성을 이루어내고, "그 안에서 자신에 대해 최선을 지향하는 어떤 것을 실현하는" 사람들과는 사정이 완전히 다르다.

4. 행복은 세 가지 선善으로 이루어져 있다. 본질적으로 행복은 영적 선을 포함한다. 영적 선은 아리스토텔레스에게는 최고의, 최선의 선이다. 그 안에는 뛰어남, 영리함, 현명함과 같은 기본적인 선들이 들어 있다. 영적 선은 또한 쾌락이기도 하고, 향락과 기쁨이 가득한 삶이기도 하다. 이런 삶은 자기가 특별히 애호하는 모든 것, 말馬이든, 연극이든, 또는 추상적인 정의이든, 탁월함이든, 아름다움 일반이든, 모든 것으로부터 쾌락과 기쁨을 얻어내는 삶이다. 이때 쾌락은 단순히 외적 관심사만은 아니다. 오히려 그런 삶은 쾌락을 자신의 깊은 곳에 감추고 있다. 이런 의미에서 '행복'은 "최고의 선, 최고의 아름다움, 그리고 가장 즐거운 것"을 실현하는 삶으로 이해될 수 있다.

이런 행복은 그것이 영적 선에 연관되어 있는 만큼 육체적 선을 포함한다. 이때는 행복의 기본전제들이 아니라, 행복을 달성하기 위한 보조수단과 도구가 문제 된다. 쾌락에 관해 생각해보면, 쾌락은 영적 선이자 육체적 선이다. 아리스토텔레스가 볼 때 쾌락을 단순히 육체적 쾌락에 맡기지 않기 위해서는 쾌락의 영적 고정이 중요하다. 또한 건강의 선을 위해서도 우리는 고대의 사상에 따라 영적-육체적, 즉 심신상관의 견해에서 근거를 찾아도 좋을 것이다. 나아가 선은 매우 조심스럽게 말하자면, '아름다움'의 요구에 반해 행복의 지고한 모습을 침해할 수도 있는 전적으로 추한 외관(사람들은 이것에 대해 말하기를 꺼린다. 그러나 근대의 사회적 삶은 실제로 이런 기준을 알고 있다)을 가능한 한 지니지 않아야 한다. 그 결함이 어떻게 다른 자질을 통해 메워질 수 있으며, 손실에 대한 사회적 보상이 어떻게 이루어질 수 있는가에 대해 개별적으로 그리고 사회적으로 심사숙고하는 일이 여전히 우리에게 맡겨져 있다.

마지막으로 또 다른 외적 선들이 한몫을 한다. 이 외적 선들도 개별적 탁월함과 보편적 행복을 촉진하는 것과 관련되기 때문이다. 행복에서 돈이 어느 정도의 가치를 지닐 수도 있다. 이것 역시 근대의 논의에서 멀리했던 문제이다. 마치 그 문제성이 이미 만족스럽게 해소되기라도 한 것처럼, 성급히 논의할 필요가 없다고 처리된 문제인 것이다. 그러나 "어떤 보조수단도 사용하지 않을 경우 고

상한 행위를 통해서만 눈에 띄게 탁월한 것은 불가능하거
나 최소한 쉽지 않다." 또한 아리스토텔레스에게는 자신
이 보기에 외적인, 삶의 선한 '외적 상황들'을 제공하는 다
른 가치들도 중요하다. 실용적인 우정, 정치적 내지는 공
동체적인 영향, '좋은 가문', 성공한 후손, 자식들과 가족,
그 안에서 영위하는 삶의 상황을 이루어내는 가치들 말
이다.

5. 행복은 우리가 배울 수 있는 어떤 것이다. "그것을 위
한 가능성은 모두에게 열려 있다." 이에 대한 첫 번째 전
제는 탁월함과 우수함을 얻어내려고 애쓰는, 아마도 행복
을 선택할 때 그 바탕에 우선 자리하는 염려이다. 두려워
하는 염려 그리고 영리하고 신중하며 앞을 내다보는 염려
는 자신의 삶에 대한 무관심을 종결시키기 때문이다. 이
런 기초 위에서 영리한 염려와 밀접하게 연관된 이론적 배
움이 중요하다. 지식 획득, 연관들의 전모 파악, 개념들의
해명은 실천의 토대를 마련해준다. 실천적 훈련은 이론적
배움과의 밀접한 결합 가운데 전개될 수 있다. 그렇게 해
서 인식과 통찰이 실천으로 옮겨진다. 말하자면 습관을

통해, 소위 말하는 익숙해짐ethizein을 통해, 실제 윤리적 행위의 근본인 윤리의 산출을 통해 실천으로 옮겨지는 것이다. 말하자면 행복해지는 것을 어떤 구체적 취급 방법처럼 훈련할 수 있다. 이런 맥락에서, 단순한 우연이 행복해질 가능성을 불러오지 않는다는 것은 분명하다. 또한 그래야만 할 것이다. "가장 위대하고 가장 아름다운 것"이 어떻게 우연 같은 것에 좌우된단 말인가! 아리스토텔레스에 따르면, 이것은 행복에 이르는 개인적 길뿐 아니라 공동체적 길에도 해당된다. 개인의 삶의 기술과 마찬가지로, 최고의 기술인 정치에서도 시민들 가운데 '선'을 불러일으키고 그들로 하여금 '아름다움'을 실현할 능력을 갖추게 하는 '염려'는 기본적이다. 정치는 개별적 행복에 유익한 외적 상황을 조성해야만 한다. 또한 교육학의 정치적 목표는 행복을 위한 능력의 전수일 수 있다.

6. 행복은 '충만한 삶'이다. 이 말은 "완결된 탁월함", 더 이상 올라갈 데가 없는 뛰어남을 우선 의미한다. 그런 의미에서 보면, 어린아이는 아직 행복하다고 할 수 없다. 의식이 없는 생명체는 더욱이 행복할 수 없다. 왜냐하면 이

런 행복에서는 이런저런 결과를 가져올 수 있는 요행에 좌우되지 않는 탁월함에 대한 선택되고 의식적인 요구가 중요하기 때문이다. 실현과 완결은 죽음과 더불어 삶의 다른 측면을 향해 비로소 등장하는 것이 아니다. 따라서 누구에게도 그가 살아 있는 한 행복하다고 말해서는 안 된다는 옛 말은 유효하지 않다. 이 문제와 관련해서는 오히려 끊임없는 활동이 중요하다. 그리고 완결은 이런 활동의 종료와 같은 뭔가를 의미하지 않는다. 두 번째로, '충만한 삶'이라는 표현을 통해 이 삶이 '긍정적인 것'과 '부정적인 것' 사이의 전체적 삶을 포괄하고 있다는 사실을 알 수 있다. 우발적이고 운명적인 삶의 부침浮沈이 어떻게 발생하는지와는 관계없이, 삶의 부침을 극복할 수 있다는 것이 중요하다. 이때 부정적인 것을 배제하는 일은 문제 되지 않는다. 왜냐하면 오로지 그런 방식으로 행복해지려고 하는 것은 허무맹랑한 일이기 때문이다. '아름다움'은 '위대한 영혼'을 지닌 인간이 운명의 타격조차도 견뎌내는 데 그 본질을 두고 있다. 삶의 중점이 어디에 놓여 있는지가 중요하다. 참되게 선하고 신중한 인간은 "주어진 것으로부터 언제나 가장 아름다운 것을 만들어"낼 수 있다. 바로 여기에 행복의 기술이 담겨 있는 것이다. 이런 행복은 삶 전체의 폭을 포괄한다. 이런 행복은 더 이상 우연한 시절의 행복이 아니라, 경험이 풍부하고 충만한 삶의 행복이다. 그런 의미에서 이런 행복은 실제로 지속적인 뭔가의 지배 아래 있을 뿐, 더 이상 부당한 변화의 지배 아래 있지 않다.

7. 행복은 신적神的이다. 행복은 다른 어떤 것보다 "더 신적"이다. 행복은 실행과 완결을 의미하며, 우리가 찬사를 보내지만 실제로는 더 나은 것이 없는, 그리고 오직 우리의 가치평가에 달려 있는 사항들과 비교할 때 '좀 더 선한 것'이기 때문이다. 행복은 우리 삶의 알파이며 오메가이다. 삶의 시작이며 근본이며 목적이다. 우리는 이 완결된 특출함에 도달하기 위해 온갖 노력을 기울인다. 이 완결된 특출함이 에우다이모니아라는 명칭을 달고 있다는 사실이 이제야 비로소 제대로 이해된다. 왜냐하면 에우다이모니아는 글자 그대로 '선한 다이몬guter Dämon'을 자신 안에 지니고 있다는 의미이기 때문이다. 이 다이몬, 즉 초超자연력은 신과 인간 사이의 중개자로서, 직접적인 신은

아니지만 우주적 원리로서의 신이다. 행복은 유한한 존재로 하여금 유한성의 한계를 뚫고 무한성의 경험에 동참하도록 허락한다. 우리는 우리 자신의 내면에 이런 원리를 위한 공간을 부여하고 개별자 자신의 힘보다 더 포괄적인 힘이 자신의 내면에 스며들도록 허락함으로써 이런 행복을 선택하는 것이다. 좋은 기분, 바닥을 모르는 쾌활함이 이것과 결부되어 있다.

현대에서는 이런 행복이 더 이상 아무런 문제없이 우리가 모범으로 삼아야 할 삶의 의미로 서술되지는 않는다. 한때는 앞서 생각되고 주어진 답변들을 그대로 이어받을 수 있었지만, 이제는 각 개인이 스스로 답변을 찾고 발견할 수밖에 없다. 이것은 우리가 현대의 자유를 누리는 대신 치르는 대가이다. 이제는 스스로 삶을 풀이하고 해석하는 작업이 불가피해졌다. 자기 자신과 타자들 그리고 다른 누구보다 친구들과의 대화를 통한 그런 활동이 실존의 해석학이다. 이것은 자기염려의 구성요소이며, 자기 자신의 고유한 삶의 수행을 이끄는 수단이다. 이 실존의 해석학은 세계 안에서 올바른 길을 찾는 기술로서 삶과 세계에서 의미와 의의를 추론하는 데 유용하다. 물론 이 해석학적 활동을 통해 단순히 의미만 겨우 찾아내는 것이 아니라, 위태롭지만 사물들에 주관적 의미가 투여되고, 그것으로부터 그 투여된 의미가 되돌려 읽히게 된다. 우리는 결코 '객관적 의미'를 발견했다고 확신하지 못한다. 왜냐하면 우리의 관심, 우리의 소망 또는 우리의 주의를 끄는 시선만이 언제나 의미를 조장하는 역할을 하며, 우리는 어느 시점에서든 이 역할로부터 완전히 풀려날 수 없기 때문이다. 이것이 바로 그 악명 높은 '해석학적 순환'●

● 해석학적 순환은 저자와 수용자 사이의 일치하지 않는 해석 상황과 역사적 또는 심리적 내용의 텍스트나 예술작품에서 그런 불일치의 상황을 연결 짓고자 하는 정신사적 노력을 시각적으로, 즉 원圓운동으로 나타낸 용어이다. 문화적 진술(예술작품, 텍스트, 기타 표현물)의 의미를 이해하는 것은 해석자의 특정한 전제들(선지식, 선입견, 추측, 가치평가)과 결부되어 있다. 이런 전제들은 생산자의 그것과 일치하지 않는다. 이 양측의 '이해의 지평'이 접근하는 것이 목표를 따라 직접적으로 어떤 결말에 이르지는 않는다. 이것은 점진적 접근 과정을 통해 이루어진다. 선지식-텍스트의 이해-확장된 선지식-확장된 텍스트의 이해라는 나선螺線으로 유추되는 '고유한 원을 돌면서' 이해의 목적지에 접근하는 것이다. 이런 이해의 과정은 1. 텍스트의 의미에 대한 추측이 전제된 선입견의 형성, 2. 텍스트(혹은 텍스트의 부분)에 대한 연결 처리로 이루어진다. 이런 과정은 본래 선지식의 변동이나 확장으로 이어진다. 그럼으로써 고유한 선입견을 수정할 준비가 이루어진다. 개방성 내지 수용성이 요구되는 것이다. 이렇게 조정되는 선지식을 통해 이해 과정은 새롭게 동기를 부여받으며, 원칙적으로 이 순환은 무한히 반복될 수 있다. '악명 높다'는 저자의 표현은 우리가 여기서 벗어날 수 없다는 뜻으로 읽힌다. 해석학적 순환은 정신과학을 자연과학과 구분 지어주는 정신과학의 고유한sui generis 방법으로 자주 언급된다. 그러나 분석적 과학철학자인 슈테크뮐러Wolfgang Stegmüller는 해석학적 순환을 순환(원운동)이라고 칭하느니

이다. 우리는 이것에 대해 화를 낼 수도 있다. 그렇지만 또한 이것을 의식적으로 이용할 수도 있다. 그리하여 사물들이 우리의 관여 없이도 우리가 해독해내야만 하는 의미와 의의를 갖고 있으리라 생각하는 대신, 우리가 그 사물들에게 의미와 의의를 부여하게 되는 것이다.

그러나 '의의意義'라는 말은 본래 무엇을 뜻하는가? 의의는 맥락이다. 해석과 풀이 작업은 맥락들을 조직한다. 그것들이 스스로 이미 존재하든 아니든 말이다. 삶의 기술의 해석학은 풀이의 도움을 통해 삶에 의의를 부여하는 맥락을 형성하는 데 그 본질을 두고 있다. 삶 전체 또는 개별적 사건들을 그저 읽어낼 뿐만 아니라, 다시 읽어낼 수 있도록 삶에 의의를 부여하는 연관 형성에 그 본질을 두고 있다는 뜻이다. 풀이Interpretation, 즉 '중간에 끼어듦'은 삶의 연결되지 않고 각자 지향하는 바가 있는 구성

'해석학적 나선'으로 칭하는 것이 옳을 거라고, 그것은 '방법'이 아니며, 정신과학적 인식과 자연과학적 인식 사이의 절대적 구분점을 나타내는 것도 아니라고 — 자연과학도 개인적 질문에서 시작하고 상상력이 그 중요한 요소니까 — 주장한다. 흔히 해석학적 순환을 고문헌학자 아스트Friedrich Ast, 1778~1841가 처음 제시한 바대로 전체와 부분의 순환적 이해 과정으로 단순화해 설명하기도 하지만, 이렇게 이해한 해석학적 순환을 통한 해석 또는 이해는 18세기와 19세기의 끝없는 주석commentarius perpetuus과 하등 다를 것이 없게 된다.

요소들과 경험들 사이에 연관을 맺어주고 맥락을 제시하며, 그런 방식으로 '의의'를 산출하는 것이다. 이것은 일종의 과정이다. 우리는 이 과정을 위해 보조수단을 이용할 수 있다. 말하자면 우리는 하나의 텍스트를, 한 권의 책을, 읽고 풀이해야 할 한 편의 논문을 손에 든다. 그 텍스트를 풀이하는 동안 사실 우리는 우리 자신과 우리 자신의 삶을 풀이하는 것이다. 주관적 질문 제기가 객관적 재료에 투영된다. 이것이 삶의 수행을 위해 텍스트와의 소통을 포기하지 못하게 한다.

풀이의 도움으로 맥락들이 해명되고, 자기와 세계의 의미구조가 형성된다. '삶에서 의의를 발견한다'는 것은 연관들을 찾아내고 그것에 적응하는 것을 의미한다. 그러나 '삶에 의의를 부여한다'는 것은 이런 연관들 자체를 형성하는 것을 말한다. 많든 적든 이것은 일상적 삶의 이행 가운데서 의식적으로 행해진다. 우리가 거주하는 해석학적 공간은 그것으로 이루어진다. 습관 안에 거주하는 것과 마찬가지로, 이런 거주도 통상적 의미의 거주보다는 더 기본적이다. 그리고 그럼에도 불구하고 의식 안으로 대두되지는 않는다. 이런 의미와 의의를 가진 삶의 공간이 매번 동일한 삶의 공간으로 머물러 있는 한, 이 거주는 당연한 것으로 보이기 때문이다. 이 삶의 공간이 변하면 주체는 자신을 '낯설게' 느끼게 된다. 그리고 자신의 세계와 삶의 맥락을 형성하기 위해, '의미를 낳는' 그 연관을 발견하기 위해, 해석과 풀이 작업을 새롭게 행할 수밖에 없게 된다.

이때 의의는 이중적 의미에서 나타난다. 연관들은 직접적, 감각적으로 눈앞에 나타나고 곧바로 손에 잡힌다. 그러나 연관들은 추상적일 수도 있다. 그리고 이론적 노력을 통해서만 추론되고 맺어질 수 있다. 그러나 연관들을 찾아내고 그것들을 만들어낼 풍부한 가능성은 충만한 의의를 마련해준다. 맥락 없이 존재하는 것은 의미 없이 남겨진다. 해석과 풀이 작업을 할 때, 우리는 일종의 해석학적 충만의 원칙에서 출발할 수 있다. 이것에 따르면 원칙적으로 삶은 실제로 발견할 수 있는 것보다 훨씬 더 많은 의의와 의미를 내포하고 있다는 것이다. 주체 자신에게도 겉으로 보이는 것보다 훨씬 더 많은 의의와 의미가 주어진다. 이것은 예술작품이 처음에 인지되는 것보다 훨씬 많은 의미를 갖고 있는 것과 같다. 텍스트는 표면적으로 읽을 때 전달되는 것보다 훨씬 더 풍부한 의미를 지니고 있는 것이다. 심지어 오해조차도 의의와 의미를 찾는 데 도움이 되는 것으로 드러난다. 오해는 해석 작업을 예상하지 못한 방향으로 조종한다. 창조적이고 실험적이며 새로운 풀이가 비로소 해석학적 충만을 탐색하는 것이다. 해석 가능성의 풍부함은 삶에 의미를 부여하는 해석학의 작업이 결코 종결에 이르지 않도록 보장한다.

이런 작업이 의식적으로 이루어지는 가운데, 삶의 기술의 주체는 해석학적 힘을 습득한다. 그리하여 삶의 의의를 발견하는 것이 문제가 될 때, 다른 사람이 가진 해석의 힘에 의존하지 않게 된다. 말하자면 해석에는 실제로 힘이 숨겨져 있을 수 있다. 이 힘은 풀이를 통해 면밀하게 표출된다. 이 풀이들은 진리의 자명함을 자체적으로 이용하고 있기 때문에 그런 힘으로 입증되지는 않는다. 삶의 기술은 해석 작업을 통해 일종의 성찰적 활동을 전개시키고 자율적 해석학의 기초를 세운다. 이 자율적 해석학은 주체가 스스로 이해에 대해 이해하며 타인들이 규정한 타율적 해석학에 계속 종속되는 대신, 자율적으로 해석을 이끌어내도록 허락한다. 이것은 자기염려의 한 요소이자 자기강화의 표현이다.

그러나 자율적 해석학의 특권을 가진 대상은 바로 자기 자신의 삶의 해석이다. 이런 해석을 위해 주체는 자신으로부터 어느 정도 거리를 둘 필요가 있다. 왜냐하면 거리두기는 자신과 자신의 삶을 외부에서 보듯 바라보고, 그때껏 살아온 삶을 요약하고, 그 삶의 연관을 해석하고, 실존에 기본적 의미와 '행복'이라는 개념을 부여하고, 아름답고 참된 삶의 이해에 이것들을 관련시키는 장점을 가지고 있기 때문이다. 삶의 의의는 해석과 풀이의 도움을 받아 구성된다. 그러나 궁극적 의의는 사실 아름다운 삶이다. 이런 의미에서 '아름다움'이라는 고대의 개념이자 인본주의적 개념이 새삼스럽게 원용된다. 그러나 이것은 내용 자체보다는 현대의 조건에 맞춰 형식적으로 규정될 수 있다. 아름다움에 이끌리지 않는 삶이 도대체 가능하기나 한 것인가?

20.
삶의 기술의 목적

인류의 행복을 위한 원대한 구상이 끝난 뒤 남는 것이 바로 삶의 기술이다. 자기 자신을 형성하고, 삶을 형성하며, 옛 망상을 가슴에 품지 않기 위해 새롭게 시작하는 자신으로, 개별적 개인으로 되돌아가기가 그것이다. 삶의 기술은 개인의 부흥이다. 한때, 위대한 유토피아의 시대에 공동체의 신격화 가운데 파멸의 위기에 몰렸고, 희망이 부재한 시대에는 자신의 삶을 스스로 이끌어갈 것을 강요당한 개인의 르네상스인 것이다. 개인의 의미는 삶의 기술 철학을 통해 확인된다. 그러나 개인의 의미가 개별성의 강조, 개인의 독자성 강조, 개인의 자신에게의 집착, 새로운 개인주의의 지지로 착각되어서는 안 된다. 삶의 기술은 결코 이를 후원하지 않는다. 도덕적 이유 때문이 아니라, 모든 자기중심적 사고는 타자에의 의존이나 개인적 삶의 실현을 위한다는 의미에서 사회로의 편입을 무시하는 영리하지 못한 편협성을 드러낸다는 통찰 때문이다. 개인주의의 오만에 이끌리지 않고 스스로를 이끌고, 자신에 대한 성찰적 관계의 기초를 튼튼히 세우고, 타자들과 튼튼한 연관을 맺으며, 사회 형성에 동참하려고 하는 개인은 삶의 기술을 얻기 위해 노력하는 법이다.

이렇게 이해되는 개인의 자기형성은 미셸 푸코에 의해 고대의 철학적 삶의 기술에 대한 그의 작업 과정에서 언급되었고 특히 많은 관심을 끈 실존의 미학Ästhetik der Existenz•이라는 개념에 이르게 된다. 이 개념은 일련의 관점들을 내부에 통합하고 있다. 이 일련의 관점들은 이 개념이 제공하는 다채로운 인상의 원인이며, 전반적으로 성

• (원주) Wilhelm Schmid, 《새로운 삶의 기술을 찾아서. 푸코에 있어서 윤리학의 기초에 관한 문제와 새로운 기초 설정Auf der Suche nach einer neuen Lebenskunst. Die Frage nach dem Grund und die Neubegründung der Ethik bei Foucault》(Frankfurt a. M., 2000) 참조.

찰적 삶의 기술을 위해 결코 포기할 수 없는 관점들이다. 성찰적 삶의 기술은 개인이 자신의 힘을 작동시키고 이를 통해 자유의 공간을 확보할 수 있을 때에만 비로소 펼쳐질 수 있다. 이미 소개한 바 있는 개념인 자기강화가 여기서 실존의 미학의 첫 번째 관점으로 새롭게 등장한다. 다른 의미의 힘, 자기반성적 힘, 자기가 성찰적으로 사용하며 자신을 향해 행사하는 힘, 또한 타율적 힘에 의한 감시에 맞서는 힘이라는 개념으로서의 자기강화의 힘이 등장하는 것이다. 이것은 삶의 기술에 또 다른 효과적인 힘이 도입되는 것을 의미한다. 이 다른 유형의 힘은 한층 차원 높은 유형의 힘, 말하자면 힘에 대한 힘을 획득하는 유형의 힘, 유일하게 가능하고 의미심장한 '최고의 힘'이다. 힘이 무엇 또는 누구에게 작용할 가능성을 지니는 데 본질을 두고 있다면, 이것은 힘 자체에 대한 작용을 통해서도 표출될 수 있다. 그리고 이때 재귀성Reflexivität은 힘을 자기 자신에게 되돌려 미치게 하는 형식을 취한다. 이때 타인에게 자신의 자유를 가차 없이 행사하는 것은 중요하지 않을 수 있다. 오히려 자신의 힘의 행사를 성찰해 봐야 한다. 성찰적 기술은 힘에 대한 힘을 확립하고, 힘의 투입을 통제하며, 가역성可逆性에 유의한다. 자기강화는 자기책임성을 동반한다. 과도한 힘 대신 절제된 힘이 중요하다. 자신의 욕구를 압도하는 힘을 가지는 것이 중요하다는 뜻이다.

실존의 미학—이 개념의 두 번째 관점—은 이런 기초 위에 정교한 실존의 형성 작업으로 나타난다. 이 작업을 통해 삶 자체가 예술작품이 된다. 고유한 실존의 형성은 당위적 도덕의 구속력 상실에 반응하는 다른 유형의 윤리학으로서 미학의 토대를 세운다. 이것이 예술과 삶의 기술의 유추를 통해 어떻게 서술될 수 있을까 하는 이런 미학의 예술이해에서는 자기의 자신에 대한 창조적 관계가 바탕을 이룬다. 자기는 자신의 삶의 재료들을 구조화하고 형상화한다. 자기는 이런 작업을 익명의 당위에 맡기지 않는다. 오히려 자신의 선택에 맞춰 이 작업을 수행한다. 그리하여 삶에 양식과 형식을 부여하고 절제의 실존을 실현하게 된다.(생산미학) 이런 형성의 특별한 한 측면은 실존의 외적 표현일 수 있으며, 이번에는 반대로 타자들의 눈에 그것을 나타내 보이는 방식과 방법에 의해 실존이 판단된다.(수용미학)●

실존의 미학의 세 번째 관점은 선택 행위 자체이다. 선택이라는 개념은 푸코에게서 '개인적인 직접 선택'과 나란히 발견된다. 이 구상은 선택을 에워싸고 중력을 발휘한다. 왜냐하면 선택은 자기강화의 가장 강력한 표현이기 때문이다. 자기는 이것의 도움으로 자신의 태도에 바탕을 세우고, 규칙을 부여하여, 자신의 삶을 형성하는 원칙을

- 생산미학Produktions Ästhetik과 수용미학Rezeptions Ästhetik: 생산미학은 예술작품(문학, 미술, 음악)의 생성 동기, 생산의 규칙 그리고 기능을 서술하거나 성찰한다. 창작 행위를 통해 유발되는 심미적 경험의 실천적 적용이 함께 고려된다. 작가와 작품이 고려의 중심이 되며, 문학에 한정해서 보자면 시학, 문체론, 작가론 등이 여기에 속한다. 형식주의 문학이론과 마르크스주의 문학이론이 생산미학의 범주에 속한다고 할 수 있다. 수용미학은 '문학적 사실'의 확인에 끝나는 생산미학 내지 서술미학Darstellungs Ästhetik의 폐쇄성을 극복하고 활기를 잃어버린 문학사를 되살리기 위해 문학작품이 근원적으로 지향하고 있는 수신자受信者의 기능에 주목하면서 야우스Hans Jauss와 이저Wolfgang Iser를 중심으로 한 소위 콘스탄츠 학파에 의해 주창되었다. "작가, 작품, 독자의 삼각형 안에서 이 마지막의 것, 즉 독자는 단순한 반응의 고리가 아니며, 수동적 부분이면서도 또한 역사 형성의 원동력이다. 문학작품의 역사적 생명은 그 작품의 수신자의 능동적인 참여 없이는 생각할 수 없다. (…) 문학의 역사성은 문학의 소통적 특성과 작가, 독자 그리고 작품의 대화적인 그리고 동시에 과정적인 관계를 전제하는 것이다."(H. R. 야우스,《도전으로서의 문학사》, 장영태 옮김(문학과지성사, 1983), 177~178쪽 참조) 수용미학은 독자의 기대지평, 이해, 교양, 정서 그리고 취미까지도 직접적으로 관계되는 수용 과정, 다른 용어를 빌려 말하자면 '구체화' 과정을 통해 생산품으로서의 텍스트Text가 비로소 작품Werk으로 탄생하는 것이라고 주장한다. 본서의 저자는 실존의 실현을 생성 과정의 결과로 보고, 그것을 생산미학적 측면으로 설명하고 있으며, 그 실현된 실존에 대한 실존 밖에서의 주목을 수용미학적 측면에서 설명하려는 것으로 이해된다.

작동시킨다. 물론 이 원칙을 통해 항상 그리고 모든 상황에서 자유로운 선택을 할 수 있다는 결론이 도출되는 것은 아니다. 그러나 받아들일 수 있는 범위 안에서 그 원칙을 활용하고 다루는 방법을 선택할 수 있다. 주체가 스스로 행한 선택을 통해 실존의 미학은 자기입법이 된다. 주체가 자신의 당위 자체에 기초를 놓게 되는 것이다.

선택은 결코 자의적인 것이 아니다. 선택은 판단력이라는 토대 위에서 얻어지는 것이기 때문이다. 주체는 이 판단력을 갖추기 위해 노력한다. 이 판단력은 담론을 통해, 선택의 조건, 가능성 그리고 기준에 대한 논쟁을 통해 항상 새롭게 형성된다. 그러나 판단력은 중요하고 고려해야 하는 연관성에 대한 감수성Sensibilität을 그 바탕으로 삼고 있다. 그러므로 실존의 미학은 그것의 네 번째 관점에서 판단력의 감수성에 대한 개념이 된다. 아직은 윤리학이 미학을 토대로 세워지는 것은 아니라고 주장할 수 있는 단계는 아니다. 그렇다면 무엇을 기초로 해서 윤리학을 세울 수 있는가? 감각적 인지능력이 감수성 훈련에서 강력한 역할을 하기 때문에, 감성과 감각계를 그 전체적이며 바로크적으로 다채로운 풍요로움 가운데 전개시키고 곧바로 그것들을 체계적으로 가다듬어 자기 자신에 대한 그리고 삶에 대한 작업으로 이해하는 것이 실존미학의 한 특성이다. 그러나 예민한 주체의 감수성만 중요한 것이 아니라, 넓은 의미에서 자기와 타자의 삶의 가능성에 대해 의미가 있는 사회적 관계를 인지해내는 정치적 감수성도 중요하다.

다섯 번째이자 주도적인 관점은 자신의 실존에 '가시적 아름다움의 성격'을 부여하는 데 있다. 푸코가 실존의 미학에 관해 언급했다면 그것은 사실 아름다움의 실현에 대한 언급이다. 즉 실존에 '가능한 한 가장 아름다운 형식을 부여하고' 스스로 '자신의 삶의 아름다움'을 위한 작업을 수행하는 것이 중요하다. 이렇게 해서 아름다움이라는 개념이 미학-담론으로 다시 돌아온다. 미학-담론에서 아름다움의 개념은 한동안 설 자리가 없었다. 왜냐하면 20세기 세계대전의 경험 이후 아방가르드 예술은 의도적으로 '아름답지 않으려고' 했기 때문이다. 또한 미학-담론도 이런 점에서 그들을 따랐고, 아름다움이라는 말이 일상의 언어생활에서는 명확하게 규정되지 않은 채 계속 사용된 반면, 미학은 아름다움이라는 개념을 포기했기 때문이다. 실존의 미학이라는 관점에서 아름다움을 무엇으로 이해할 수 있겠는가 하는 질문에 대한 답변을 푸코에게서 들을 수는 없다. 왜냐하면 그는 이 개념을 더 이상 정의하지 않았기 때문이다. 그러나 아름다움의 역사에는 이것에 대한 정의들이 많이 등장한다. 근대와 현대의 역사만 보더라도 "비례 배분의 규칙성과 그 배열의 목적지향성이 무엇보다 아름답고"(버클리), "감각적 인식이 완전"하고 (바움가르텐Alexander Baumgarten, 1714~1762), 어떤 "인상이 예민한 감정을 불러일으키고 직접적으로 감각적"이며(버크 Edmund Burke, 1729~1797), "개념 없이 보편적으로 마음에 들고"(칸트), 혹은 "대립적인 것 위, 권력의 지고한 징표"(니체)가 '아름다운' 것이었다.

'다른' 현대에서의 삶의 기술과 실존의 미학을 위해서는 아름다움의 개념을 새롭게 규정하는 것이 필요하다. 아름다움의 규정과 아름다움의 부활에 의미를 줄 수 있고, 그러면서도 어떤 경우에도 삶의 기술 철학을 위해 포기할 수 없는 방식으로 말이다. 이런 개념 정의는 윤리적 의의와 심미적 의의를 그 안에 통합한다. 즉 긍정할 만한 가치가 있는 것으로 나타나는 것은 아름답다. 어떤 보편타당성도 요구할 수 없는 개인의 관점 안에 주체 자체, 삶, 타자들, 관계들, 그리고 매번 강력한 연관이 형성되고, 무관심의 무관함이 아니라 사물과 대상들, 형식과 내용들에 관련해 뭔가 긍정할 만한 가치를 지닌 것으로 나타난다. 그렇게 해서 실존의 미학은 타자의 눈이나 개인 자신의 눈에 긍정할 만한 가치를 지닌, 그런 의미에서 아름답게 보이는 실존의 특성을 가리켜 보여준다. 그렇지만 이것이 탐미주의적 오해로 이어져서는 안 된다. 아름다움의 본질적 힘은 실존의 완벽화, 표면적 연마나 화음에 담겨 있는 것이 아니라, 그것의 긍정 가능성 속에 들어 있다. 쾌적한 것, 즐거운 것 또는 20세기 말 인구에 회자된 '긍정적인 것'만이 긍정할 만한 가치를 지니는 것은 결코 아니다. 불쾌한 것, 고통스러운 것, 추악한 것, '부정적인 것'도 똑같이 그런 가치를 지니고 있다. 실존의 미학은 실패까지도 포함한다. 중요한 것은 삶이 전체적으로 긍정할 만한 가치를 지닌 것으로 나타나느냐의 여부이다.

삶 자체를 형성하려는 동기가 삶의 짧음에 있다면, 삶을 아름답게 형성하려는 충동은 삶을 충분히 긍정할 수 있는 가능성에 대한 동경에서 비롯된다. 그래야 역경에

처하더라도 큰 힘을 발휘할 수 있는 자긍심이 강화되기 때문이다. 이미 살아낸 삶에 맞서 가능한 삶이라는 견지에서 스스로 선택한 당위가 작동한다. 제약 없는 긍정을 가능하게 해줄 거라 약속해주는, 그 뒤로 물러나 있으면 자긍심의 상실로 이어질 수도 있는 고유한 삶의 이념이 작동하는 것이다. 아름다움은 이상이며 삶에 새롭게 방향을 제시해줄 수 있는 '진기한 매력'이다. 개인이 긍정할 수 있는 대상은 아름답다. 이런 배경에서 삶의 기술의 근본적 명령이 공식화될 수 있다. 이 명령은 실존의 총체적 지평 안으로 들어서는 개인의 발걸음을 낱낱이 조절하고, 오로지 개인 자신에 의해서만 효력이 발생하는 실존적 명령이다. 이 명령은 긍정할 만한 가치를 가지도록 너의 삶을 형성하라는 것이다.

니체에 따르면, 현존재는 심미적인, 다시 말해 긍정할 만한 가치가 있는 현상으로서만 '정당하다.' 이런 의미에서 실존의 미학은 20세기에 매우 놀라운 호황을 경험했고, 근대사회의 거의 모든 개인을 매료했던 삶의 의의에 대한 질문에 답변을 제공한다. 왜냐하면 이런 질문은 긍정할 만한 가치의 추구와 같은 것일 수 있기 때문이다. 이런 질문은 의문의 여지 없이 전통, 종교 그리고 문화의 형식과 내용 안에 자리잡고 있던 긍정할 만한 가치 중 많은 것이 의심스러워졌을 때 터져나왔다. 개인은 그것을 위해 사는 대가를 치를 만한 것, 그것을 위해 삶을 바쳐 보증할 수 있는 아름다움을 추구한다. 세속적 견지에서 그리고 개인과 관련해 '믿음'이라는 개념으로 표현되는 것이 긍정할 만한 것의 보루를 구축한다. 삶의 실행의 방향을 잡아가는 데 의지가 되는 사적 믿음에 개별적 실존의 미학의 긍정할 만한 모든 가치들이 집결된다. 이 믿음은 자신의 삶이 언제든 되풀이해서 측정되고 판정받을 수 있는 시금석 역할을 한다. 그러나 자신이 살아온 삶이 그렇게 긍정할 만한 가치를 가지지 못한 경우, 삶은 변경될 수 있다. 긍정할 수 없는 삶을 살아간다는 것은 유일하게 '성령에 거슬리는 죄악'이기 때문이다.

긍정할 만한 가치가 있는 삶은 동시에 '참된 삶'이다. 이 참된 삶은 저항에도 불구하고 적대감과 억압에 맞서 살아낼 수 있는 삶이다. 이런 삶은 두말할 나위 없이 개인적 차원을 하고 있으며, 거기서 끝이라고 말한다면 참되고 아름다운 삶의 파괴력을 놓치는 일일 것이다. 실존의 미학은 또한 정치적으로도 논쟁의 대상이 될 수 있다. 이를 통해 현재의 관계들보다 한층 더 긍정할 만한 가치가 있을 수 있고, 반대로 긍정할 만한 가치가 있는 실존을 가능하게 할지도 모르는 사회적 관계들에 대한 작업이 이루어진다. 긍정할 만한 가치가 있는 것에 대한 언급으로서 현존하는 것이 긍정할 만한 가치가 있는 것이라고 이미 진술된 것은 결코 아니다. 긍정할 만한 가치가 있는 것은 오히려 긍정할 만한 가치가 없는 것으로 체험되는 현존하는 것과 뚜렷하게 대조를 이룰 수 있으며, 아름다운 것으로 관찰되고 관능을 자극하는 효과를 지닌 다른 가능한 이념을 잉태할 수 있다. 긍정할 만한 가치를 지닌 것 없이는 실존의 에로티시즘은 존재하지 않으며, 변화의 작업에 대한 관능적인 관계도 존재하지 않는다. 그러므로 오랫동안 그래온 것처럼 '부정'을 유일하게 근거 있는 정당한 태도로 격상시키고 의심할 여지 없이 긍정할 만한 가치를 가진 것과 결부된 '긍정'을 '세상에 대한 동의'라고 철저히 부정하는 것은 의미가 없다. 보다 중요한 것은 맹목적인 긍정을 계몽된 긍정으로 대체하는 것이다. 이 개념은 아름다움이 문제들을 일부러 간과하거나 보상을 행하도록 돕지는 않는다.

삶의 기술은 이것을 전제로 실존의 미학에 대한 작업을 통해 삶을 '더욱 아름답게 할' 수 있다. 삶의 기술은 열거된 관점들을 배경으로 스스로에게 아름다운 삶을 만드는 것이라고 말할 수 있다. 삶이 긍정할 만한 가치를 가지도록 만든다는 의미에서, 그리고 그것을 위해 자신과 자신의 삶에, 타인들과 함께하는 삶에 그리고 그런 삶을 조건 짓는 관계들에 대한 작업을 행한다는 의미에서 그렇다. 자기강화, 실존의 정교한 형성, 선택 행위, 감수성과 판단력, 아름다움의 실현, 이 모든 요소들은 긍정할 만한 가치가 있는 충만한 삶에 기여한다는 점에서 일치를 이룬다. 이런 삶이 행복의 요소들만으로 이루어지지는 않는다. 그런 삶에서 모순들이 배제되는 것도 아니다. 오히려 가장 바람직한 경우 긴장된 조화로 연결되어 있다. 우리가 수월하다고 말하는 삶이 무조건 중요한 것은 아니다. 극복해야 할, 심지어 그 정체를 탐색해야 할 어려움들로 가득 찬 삶, 저항, 분규, 궁핍, 그리고 싸워서 물리쳤거나 참아낸 갈등들로 가득 찬 삶이 중요하다. 좋은 삶과 행복에 속하지 않는 이 모든 곤경 가운데서 아름다움은 비로소 빛나는 법이다.

　어떤 경우에도 아름다운 삶이 현대의 소비적 행복을 의미하지는 않는다. 상품들만이 아니라 경쟁적으로 증가하는 연관들의 소비와 소모로 유지되며, 대부분 쾌적한 지속 상태로 생각되는, 고통은 없지만 쾌락이 가득하고 무위로 채워져 있으나 작업은 없는 소비적 행복을 의미하지는 않는다는 말이다. 대부분의 사람들이 도달하지 못하고 그래서 불행해하는 상태, 한편으로는 그것에 도달한 사람들도 그 행복으로부터 얻는 것이 없기 때문에 부러움을 사지 않는 상태가 바로 소비적 행복의 상태이다. 다른 방식의 근대적 아름다운 삶을 위해 행복이라는 개념 자체가 하나의 역할을 한다면, 그것은 고대의 자주적 행복이라는 개념이다. 이 개념은 다시 주목할 만하다. 이 개념은 아리스토텔레스와 에피쿠로스 학파의 에우다이모니아, 그리고 스토아 학파의 베아티투도Beatitudo(행복)로 거슬러 올라간다. 이것은 이념적 재화를 물질적 재화보다 월등히 높게 평가하는 개인의 자기동화와 자기강화에 근거한다. 이런 개인은 자신의 고유한 쾌락과 즐거움을 알고, 무엇보다 금욕적 노력에서 비롯되는 '최선의 삶'을 실현하기 위해 자신의 선택에서 출발하는 소비의 쾌감을 아는 삶을 살아가는 것이다. '다른' 현대의 삶의 기술의 주체는 고대의 개념에서 벗어나기는 하지만 낭만적 사상에 따라 우연한 행복, 신적 우연, 티케Tyche(운명)에 대해 개방적 자세를 취한다. 자기가 조건부로만 조성할 수 있고 불확실한 동기로만 받아들일 수 있는 순간에 대해 개방적 자세를 취하는 것이다. 이런 행복은 잠시 시간을 잊게 만들고 가장 초라한 장소도 우주로 만들어주는 행복이다. 절도, 실존 그리고 역사조차도 벗어나는 아름다운 순간, 그리고 그것에 대해 언급할 기회(사적 기회 그리고 철저히 공적이지 않은 기회)가 있다손 치더라도 감미롭게, 그러니까 시적詩的으로 표현하는 것만 허락되는 아름다운 순간이다. 이런 순간을 사는 것과 그것을 끝까지 즐기는 것, 그리고 그릇된 욕심 없이 다시금 흘러가도록 그것을 내버려두는 것은 삶의 기술에 해당한다. 삶의 기술이 경멸적으로 '현재적 순간의 유아론唯我論, Solipsismus'과 결부될 때, 그것은 삶의 기술에 하찮은 일에 지나지 않는다. 삶의 기술은 수월한 삶에 대한 일상적인 생각들과는 거의 관계가 없을지라도, 가볍게 행복한 순간에 그것의 권리를 허락한다. 그리고 삶의 기술의 주체는 매우 관례적인 의미에서도 때때로 자기 자신에게 아름다운 삶을 마련해주는 것을 망설이지 않는다.

인용문헌

- 〈철학으로의 소풍〉, 〈삶을 가져다주는 시간의 기다림〉, 빌헬름 슈미트, 《삶의 기술에 대한 철학적 기초》, 1998, 15~26쪽. 부분적으로 수정함.

- 〈주체적 삶의 가능성, 삶의 기술로서의 철학〉, 같은 책, 88~94쪽. 부분적으로 수정함.

- 〈습관의 그물 짜기〉에서 〈불안으로부터의 자유, 마음의 평정〉까지, 같은 책, 325~398쪽. 부분적으로 수정함.

- 〈생태적 삶의 양식, 생명의 정원을 가꾸다〉, 같은 책, 430~435쪽. 부분적으로 수정함.

- 〈가상공간에서의 삶의 기술〉, 같은 책, 133~139쪽. 부분적으로 수정함.

- 〈삶의 기술로서의 건강 관리〉, 함부르크 대학 체육학 학술대회의 일환으로 바트 제게베르크, 노르트엘비엔 복음신학 아카데미에서 행한 강연(2000년 1월)을 바탕으로 한 텍스트.

- 〈쾌활함, 충만한 삶의 실현〉, 에어푸르트 교육대학의 강사 취임 강의(1999년 4월)를 바탕으로 한 텍스트. 첫 발표, 《디 차이트 Die Zeit》, 41호(1999년 10월 7일자), 51쪽. 오스트리아에서 발행하는 문학잡지 《쿠어시브 Kursiv》 제6호(1999년)에 텍스트를 전면 수정·보완해 재수록, 10~16쪽.

- 〈행복에 이르는 길〉, 투칭 복음신학 아카데미에서 행한 강연(1999년 5월)을 바탕으로 한 텍스트.

- 〈삶의 기술의 목적〉, 빌헬름 슈미트, 《삶의 기술에 대한 철학적 기초》, 1998, 165~172쪽. 부분적으로 수정함.

아름다운 삶을 위한 능동적 성찰

오직 인간만이 아름답다.
―프리드리히 니체

이 책은 저자가 '들어가면서'에서 밝히고 있는 것처럼 저자
의 주요 저서이자 발간 후 오랫동안 독일 독서계의 큰 호응
을 이끌어낸 책《삶의 기술에 대한 철학적 기초Philosophie der
Lebenskunst-Eine Grundlegung》(1998)의 요약판이다. 모두 21개
장으로 구성된 내용 중 18개 장이《삶의 기술에 대한 철
학적 기초》에서 간추린 것이고, 여기에 최근에 쓴 건강,
쾌활함, 행복을 다룬 3개 장이 추가되었다. 추가된 3개 장
의 글 역시 삶의 기술과 밀접히 연관되어 있고, 우리는 이
책을 통해 슈미트 교수가 말하는 삶의 기술 철학의 요점
을 읽게 된다.

18세기 독일의 철학자 칸트는 "철학이 치료제로 작용해야 한다"고 말했다. 이 말은 20세기 현대인이 안고 있는 마음의 병을 고려할 때, 철학이 딱딱하고 무미건조한 이론만 붙들고 있을 수는 없다는 인식과 정확하게 맞아떨어진다. 현대인이 겪는 병리현상은 헤아리기조차 힘들 만큼 많고 다양하다. 상실감, 피로감, 우울증, 강박증, 자기부정과 같은 가치혼란, 정체성과 존재감의 혼돈 등이 우리가 숨 쉬는 현대의 공기를 가득 채우고 있다. 재독 한국인 철학자 한병철은 현대인의 이런 병리현상은 각자가 착취자인 동시에 피착취자가 되었기 때문이라고 진단한다. 활동의 과잉이 낳은 활동사회 또는 성과사회에서 피로감을 느끼는 것이다. 긍정성의 과잉, 아니라고 말할 수 없는 무능함, 해서는 안 되는 것이 아니라 전부 할 수 있기 때문에 생기는 우울증. 다시 말해 오늘날 현대인이 겪는 피로감과 우울증은 자아 바깥의 억압에서 오는 것이 아니라, 주도권을 쥐려고 노력하는 주체가 통제할 수 없는 일 앞에서 좌초하며 얻는 병이라는 것이다. 나의 삶을 피폐케 하는 이런 병리현상으로부터 벗어나는 길은 어디에 있을까. 유한한 삶을 살고 있는, 유일하고 고유한 나만의 삶을 사는 내가 나 자신을 스스로 걱정하고 염려하는 것으로부터 시작해야 할 것이다. 내 삶을 그래도 긍정할 만한 삶으로 만들기 위해 내 삶에 대한 사색과 성찰을 게을리할 수는 없는 노릇이다. 우리는 이런 사색과 성찰을 배워야 하고 또 배울 수 있다. 이 책은 이런 전제에서 시작하고 있다.

· 니체는《우상의 황혼 *Götzen-Dämmerung*》에서 "사람들은 보는 법을 배워야 하고, 생각하는 법을 배워야 하고, 말하고 쓰는 법을 배워야 한다. 이 세 가지 과제가 목표로 하는 것은 고귀한 문화다"라고 말하고, 특히 보는 훈련이 필요한 이유를 자세히 설파하고 있다. 보는 훈련을 통해 "정신성에 이르는 첫 번째 예비훈련", "결정을 유예하는 능력", "자극에 저항하는 능력"을 얻어야 한다는 것이다. 여기서 우리는 모든 충동을 그대로 따른 데서 오는 몰락과 나의 삶을 망각한 채 물질적 욕망을 맹목적으로 추구한 데서 오는 탈진 증세에 대처하는 사색적 삶의 부활에 대한 요구를 읽어낼 수 있다. '멈춰 서서 심사숙고함 Innehalten und Nachdenken', 우리가 철학을 거칠게나마 이런 말로 규정할 수 있다면, 나의 아름다운 삶을 위해 실천적 철학을 통한 사색적 삶을 과제로 받아들이고 치료제로 삼을 만하다.

사실 이런 처방은 1970년대 초반부터 철학자들 사이에서 논의의 대상이었다. 이때부터 철학자들은 기존의 정신의학이나 심리치료와는 구분되는, 삶의 의미에 관한 문제와 연관해서 나타나는 많은 사회적, 개인적 문제들을 진단하고 치유하는 실천적 수행에 관심을 가져왔다. 철학이 치료제 역할을 해야 한다는 칸트의 말처럼, 철학자들은 이론적 탐구를 넘어 철학적 기반 위에서 삶의 의미상실로 인해 고통을 겪는 사람들이 스스로 생각하고 자신의 문제를 해결할 수 있게 하는 실천적 운동을 시작한 것이다. 철학자들의 이런 실천 활동은 철학실천, 철학치료, 삶의 기술과 같은 활동 방향으로 구체화되었다. 이 가운데 삶의 기술의 철학적 근거를 밝히며 이를 실천에 접목하고자 하는 철학 운동에서 중심을 차지한 인물이 바로 이 책의 저자 빌헬름 슈미트이다.

그는 철학이 삶의 기술과 무슨 관계가 있는지를 간단명료하게 설명한다. 삶의 기술이라는 개념 자체가 고대철학에서 유래하고 있으며, 그것은 처음부터 철학적이었다는 것이다. 그리스어로는 téchne toubíou, téchne peri bion이며, 라틴어로는 ars vitae, ars vivendi로, 엄연히 철학의 중요한 한 분야였다는 것이다. 철학이 이 중요한 분야를 시야에서 놓쳐버리게 된 책임은 철학 자체에 있다. 삶의 기술은 계몽주의자였던 근대 철학자들에 의해 철학의 시야에서 멀어지게 되었다. 근대는 학문, 기술, 그리고 자유주의 경제의 도움을 통해 크고 작은 삶의 문제들을 해결하고, '최대 다수의 최대 행복'을 꿈꾸게 되었으며, 그런 가운데 철학은 삶의 문제를 떠나 학문을 이론적으로 앞세우는 작업을 자신의 주요 과제로 삼았다. 삶의 기술이 삶의 문제들을 해결하는 관심의 대상에서 멀어지고 만 것이다. 그러나 근대의 계산은 전적으로 맞아떨어지지 않았다. 언젠가는 맞아떨어지리라는 낙관주의도 자취를 감추고 말았다. 그러다가 마침내 삶의 기술로서의 철학의 중요성을 절감했고, 그것이 부활하기에 이르렀다. 말하자면 슈미트의 삶의 기술의 복구 시도는 철학이 망각했던 근원적 과제―삶의 기술로서 인간의 행복과 충만한 삶에 기여해야 한다는 요구에의 응답―를 재발견하는 데서 시작된다.

슈미트 교수가 말하는 삶의 기술 철학은 삶의 기본토대와 가능한 형식들에 대해 생각하는 것을 의미한다. '의식적으로 이끄는 삶'이 삶의 기술의 요체인 것이다. 고대에는 삶의 기본토대가 규범적으로 확정되어 있었다. 예컨대 스토아 학파 철학에서는 열정의 지배를 벗어난 삶을 살아야 했다. '금욕적'인 삶이 바람직한 삶의 양식이었다. 슈미트는 그러나 현대적 자유의 조건에서 삶의 기술의 모든 것은 선택의 문제가 되었다고 선언한다. 그러므로 새로운 삶의 기술의 철학은 선택적이며, 소망법에 따르는 언명으로 나타난다. 슈미트는 삶에 관련한 가능성들을 열어 보이고, 개인에게 선택의 여지를 펼쳐 보이는 방식으로 논의를 전개한다. 분명한 것은 여러 가능성을 취사선택하는 가운데 새로운 형식의 구속력이 형성된다는 것이다. 현대적 자유의 조건에는 무엇보다 각 개인의 자기염려와 자기책임의 불가피성이 포함되기 때문이다. 우리가 사는 삶은 우리의 고유한 삶이며, 이 삶은 궁극적으로 우리 자신의 것이다. 우리 자신만이 이 삶에 책임을 지며, 다른 사람이 그 책임을 떠맡아주지 않는다. 삶의 기술은 나의 의식적 선택을 통해 삶을 제때에 자기화하고 아름다운 삶으로 형성해가려는 진지한 시도인 것이다.

따라서 삶의 기술은 삶과 자기의 끊임없는 형성 작업을 의미한다고 슈미트는 강조한다. 이때 삶은 재료이고 기술은 과정이다. 이 기술의 작품은 언젠가 결정적으로 완결되어야 하는 그 무엇은 아니다. 또 그럴 필요도 없다. 오히려 그 작품은 단편으로 머물 수 있다. 철학은 삶의 형성을 위해 그리고 자기역량을 강화하기 위해 일련의 제안을 내놓을 수 있다. 따라서 삶의 기술 철학은 삶을 위해 무엇이 기본적인가, 삶과의 소통에는 어떤 가능성들이 있는가라는 질문을 던지면서 출발한다. 삶을 조형하거나 자기강화에 기여하는 일련의 제안을 통해 이 철학은 실천적 성격을 지닌다.

따라서 이 책은 우리가 철학이라는 학문분과에서 떠올리기 쉬운 체계적 논리의 전개를 제공하는 것이 아니라, 삶의 기본적이고 전통적인 문제들과 변화된 삶의 환경으로부터 제기되는 새로운 현실적 문제들이 펼쳐지는 공간으로의 소풍을 제공한다. 그리하여 삶의 능력을 다시 가능하게 해주는 답변을 찾으려 한다. 인간의 삶은 습관, 쾌락, 고통, 죽음, 분노와 격정과 같은 문제와 대면하는 가운데 이루어지며, 이런 문제들은 삶의 충만함과 행복의 문제와 연결되어 있다. 슈미트의 삶의 기술은 이것과 연관된 문제 상황에 관여하고 문제 해결에 실천적으로 참여한다. 슈미트는 쾌락의 향유, 고통의 의미, 시도하며 살아가기, 시간과 죽음과의 소통에 대한 심사숙고, 반어의 기술, '부정적 사유'의 기술, 마음의 평정의 기술에 대한 숙고, 생태학적 삶의 기술과 '가상공간에서의 삶의 기술' 등을 삶의 훈련과 기술로 제안한다. 저자는 이런 주제들이 포함하고 있는 긍정적 측면과 부정적 측면을 함께 제시함으로써 독자들에게 해석과 의미부여 그리고 선택 가능성을 열어준다. 결국 각자의 능동적인 성찰이 요구되는 것이다. 그렇게 해서 실존의 미학이라는 관점에서 '자신의 아름다운 삶을 만들라'라는 오래전부터 전해 내려오는 권고가 여기서 새삼 특별한 의미를 얻게 된다.

삶의 기술에서 기본적인 것은 결국 삶에 일종의 목표를 부여하는 일이라고 할 수 있다. 우리가 '삶의 기술'이라는 개념을 빚지고 있는 고대철학에서 이 목표는 이구동성으로 '아름다움to kállos'이라고 불렀다. 슈미트 역시 이에 동조하고 있다. '아름다움'은 윤곽이 뚜렷하지는 않지만 매혹적인 개념이다. 우리도 아름다움에 이끌리지 않고 과연 좋은 삶이 가능한가라고 묻게 된다. 이 개념에 파악 가능한 내용을 부여하기 위해 '아름다움'을 복권시키고 동시에 새롭게 규성하는 깃은 의미심장한 일로 보인다

긍정할 만한 가치를 지녔다고 보이는 것은 아름답다고 저자는 말한다. 아름다움은 어떤 보편타당성도 요구할 수 없는 개별적 이해 안에서 긍정할 만한 가치를 지닌 것으로 나타난다는 것이다. 그리고 그것은 긍정할 만한 가치를 지닌 것으로서 그리고 그런 의미에서 아름답게 나타나는 실존을 표현한다. 그러나 이런 사실이 유미주의적 오해로 이어져서는 안 될 것이라고 저자는 강조한다. 미美의 본래적 힘은 실존의 완전성이나 표면적 윤택과의 조화에 있는 것이 아니라, 실존의 긍정 가능성에 들어 있기 때문이다. 안락만이 긍정할 만한 가치를 가지는 것은 아니다. 20세기 말 인구에 회자된 대로 '긍정적인' 것만이 그런 가치를 가지는 것도 아니다. 오히려 불쾌한 것, 고통스러운 것, '부정적인' 것도 긍정할 만한 가치를 가질 수 있다. 왜냐하면 그런 것들이야말로 우리를 더 나아가게 만들어주는 한층 심오한 경험일 수 있기 때문이다. 미는 또

한 실패를 포함한다. 중요한 것은 삶이 전체적으로 긍정할 만한 것으로 보이느냐이다. 다시 말해 내가 가꾸고 형성한 삶으로서 내가 나의 삶에서 보람을 느끼느냐이다. 타인이 가꾸어 꽃을 피운 백만 송이 장미의 정원에서 행성에 두고 온, 나에게 온갖 투정을 부렸던 한 송이 장미를 그리워하는 어린왕자처럼, 나의 삶이 나에게 귀중하게 여겨지느냐의 여부이다.

삶 자체를 조형하고 형상화하려는 동기가 삶의 짧음에 있다면, 삶을 아름답게 형성하겠다는 자극은 삶을 완전히 긍정할 수 있는 가능성에 대한 동경에 의해 일어난다. 이런 맥락에서 삶의 기술의 기본적 명령은, 그러니까 실존의 전체라는 지평 안으로 개인의 걸음걸이를 이끌고 개인 자신에 의해서만 효력을 발휘할 수 있는 명령은 '너의 삶을 긍정할 만한 가치를 가지도록 형성하라'이다. 이것은 고유한 삶이 언제나 측량되고 판결을 받을 수 있는 시금석이다. 그동안 살아온 삶이 긍정할 만한 것이 아닐 경우에는 변동될 수 있다. 왜냐하면 긍정할 수 없는 삶을 살아간다는 것은 '성령을 거스르는 죄악들' 가운데 하나이기 때문이다.

저자는 아름다운 삶은 정치적으로도 논쟁의 대상이 된다고 말한다. 나의 아름다운 삶은 현재의 관계들보다 더 긍정할 만한 것이 될 수 있는 사회적 관계들에 영향을 미치기 때문이다. 자신의 삶을 아름답게 만들어가는 것, 삶을 보다 더 긍정할 만하게 만드는 것은 자기 자신, 자신의 고유한 삶에 대해서뿐만 아니라, 타자들과의 삶 그리고 그 삶을 조건 짓는 관계들에 대해 작업을 수행하는 것을 뜻할 수 있기 때문이다. 어떤 경우에도 아름다운 삶이 현재의 소비적 행복을 뜻하는 것은 아니다. 고통 없이 쾌락으로 채워진 안락의 지속적 상태로 표상되는 행복을 뜻하는 것이 아니라는 말이다. 근대에서 행복을 쾌락의 극대화와 고통의 제거로 규정한 것은 공리주의였다. 슈미트의 삶의 기술에서는 이런 공리주의적 시각이 단연코 관심의 대상이 아니다.

고대의 자주적인 행복 개념, 즉 아리스토텔레스와 에피쿠로스의 에우다이모니아나 스토아 학파의 베아티투도로 거슬러 올라가는 행복은 개인의 자기동화와 자기강화에 기초하는 행복이다. 그러니까 이 행복은 모순이 배제되지 않으며 최선의 경우 그것들의 긴장 어린 조화로 팽팽하게 펼쳐져 있는 삶을 의식적으로 이끌어가는 개인의 자기동화와 자기강화에 달려 있다. 따라서 우리가 수월한 삶이라고 부르는 그런 삶이 중요한 것이 아니라, 오히려 극복해야 할 난관으로 가득 찬, 저항과 분규, 궁핍과 갈등으로 가득 찬, 그러니까 일반적으로 좋은 삶이나 행복으로 이어지지 않는 이 모든 것으로 가득 찬 삶이 중요하다고 저자는 말하고 있다. 삶의 기반에 놓여 있는 여러 국면들을 심사숙고하는 가운데 그 삶을 바르게 이끌어가는 역량을 갖추는 것, 이것이 바로 슈미트의 철학적 삶의 기술과 그 재발견의 관심사이다. 니체는《우상의 황혼》에서 "힘의 느낌, 힘에의 의지, 용기, 긍지—이것들은 추한 것의 출현과 함께 저하되며 아름다운 것의 출현과 함께 상승한다"고 말하고 있다. 또한 같은 책에서 "아무것도 아름답지 않고, 오직 인간만이 아름답다. 모든 미학은 이런 소박한 생각에 기초하고 있으며, 이것이야말로 미학의 제1의 진리이다. 제2의 진리, 퇴락한 인간 이외에 추한 것은 아무것도 없다"라고 했다. 실존의 미학인 것이다. 이 대목에서 슈미트의 삶의 기술이 개인의 처세술이나 수월한 삶의 지침서가 아닌 것이 분명해진다.

우리는 절대적 생존의 시대를 살고 있다. 우리는 좋은 삶을 살고 있지 않다. 모든 이해타산을 초월하는 '무관심의 만족'으로서의 아름다움은 잊힌 지 오래이거나 잊기를 강요당하고 있다. 그러므로 아름다운 삶을 동경할 여지조차 사라지고 만 것인지도 모른다. 물론 이런 사태를 개인의 책임으로만 돌릴 수는 없다. 그러나 그런 현실을 비탄하기만 할 것이 아니라, 삶의 기술을 습득하고 단련해 삶을 아름답게 이끌어가기를 저자는 권유하고 있다. 니체는《즐거운 학문》에서 "그러한 나락으로부터, 그러한 심각한 질병과 심각한 회의의 질병으로부터 돌아오면서 사람은 다시 태어난다. 더 천진난만하고 전보다 백배나 더 영리한 사람으로 다시 태어나게 되는 것이다"라고 말했다. 이런 재탄생의 기술 혹은 변형의 기술이 우리에게는 치료의 과정이자 삶의 기술에서 일어나는 실존적 예술의 과정이기도 하다. 나의 삶은 내가 조형하는 나의 작품이다.

이 책은 아리스토텔레스나 에피쿠로스를 위시해 고대에서 현대에 이르기까지 많은 사상가들이 펼친 삶의 철학에 관련한 담론들을 인용하거나 요약하면서 논의를 전개하고 있다. 따라서 단숨에 읽어낼 수 있는 책은 아니다. 이처럼 호흡이 긴 책을 읽는 데는 인내가 필요한 것이 사실이다. 그러나 이런 인내를 가진 독자에게 이 책은 새로운 이론적 지식의 증대라는 관점에서뿐만 아니라, 능동적 성찰의 훈련이라는 실천적 조언의 저장고로서 그 값어치를 지닐 것이다. 번역 과정에서 만난 새로운 개념어의 쉽고 함축적인 번역어를 찾고자 고심하기도 했고, 독자의 이해를 돕는 주해를 가능한 한 많이 붙이려고도 했다. 그러나 넓지 못한 지식의 한계를 절감하면서 이 정도에서 멈추고 말았음을 고백한다. 이 책이 자신의 삶을 진정으로 염려하는 독자들과 그들이 속한 공동체Gemeinschaft를 아름답게 이루어내는 데 보탬이 되기 바란다.

2017년 1월
역자 장영태

철학은 어떻게 삶이 되는가

아름다운 삶을 위한 철학 기술

펴낸날   초판 1쇄 2017년 2월 15일
          초판 3쇄 2017년 12월 15일

지은이   빌헬름 슈미트
옮긴이   장영태
펴낸이   김현태

펴낸곳   책세상
주소   서울시 마포구 잔다리로 62-1, 3층(04031)
전화   02-704-1251(영업부), 02-3273-1334(편집부)
팩스   02-719-1258
이메일   bkworld11@gmail.com
홈페이지 chaeksesang.com
등록   1975. 5. 21. 제1-517호

ISBN   979-11-5931-101-7 03160

* 이 책에 수록된 에드워드 호퍼Edward Hopper의 작품 〈철학으로의 소풍Excursion into Philosophy〉은 저작권자와 연락을 취할 수 없어 임의로 사용했음을 밝힙니다. 저작권자와 연락이 닿는 대로 사용 동의에 대한 정식 허가 절차를 밟겠습니다.

* 잘못되거나 파손된 책은 구입하신 서점에서 교환해드립니다.
* 책값은 뒤표지에 있습니다.

이 도서의 국립중앙도서관 출판시도서목록(CIP)은 서지정보유통지원시스템 홈페이지
(http://seoji.nl.go.kr)와 국가자료공동목록시스템(http://www.nl.go.kr/kolisnet)에서
이용하실 수 있습니다.(CIP제어번호 : CIP2017002721)